だいわ文庫

20代で始める
大好きなことの見つけ方

本田 健

大和書房

はじめに

大好きなことをやると、幸せになる

あなたはいま、自分の好きなことをやって生活していますか？

その前に、そもそも、あなたは自分の大好きなことが何か知っていますか？

このままの延長で人生が続いたとして、いちばん後悔することは何ですか？

この本では、あなたのいろんな可能性についてお話ししていきます。


この本を手に取ってくださって、ありがとうございます。

私が、『20代にしておきたい17のこと』（大和書房刊）を刊行したのは２０１０年４月のことでした。

それ以前から若い方とのおつきあいはありましたが、この本を出してからは私の講演会やセミナーに参加してくださる20代の方がぐっと増えました。

ベストセラーになるにつれて、本を読んだ感想も、数多くいただきました。

「本田健さんの言うことに本当に納得しました」

「僕も早く、人生最大の失敗をしたいと思います」

「私は、一生の思い出に残るような恋愛をしたいです」

そんななかで、いちばん多かったのが、「自分の大好きなことが見つからないんです」という声でした。

パーティ会場などで若い人と話す機会があるたびに、「何かやりたいんです。でもその何かがわからないので、ずっと困っています」と、真剣な表情で目をキラキラさせて訴えてくる人も少なくありませんでした。

この本では、そういう人のために、「大好きなことの見つけ方」をさまざまな角度からお話ししていこうと思います。

あなたが知らなかったかもしれない「大好きなことを中心にした人生のすばらしさ」をお伝えしつつ、自分にとって「本当に大切にしたいこと」を考えるきっかけにしていただけたらと思います。

人は誰でも、生きているなかで、大好きなことに出会います。そのタイミングはまちまちです。10代で見つかる人もいれば、20代の人もいる。30代、40代、50代、60代になって初めて大好きなことを見つける人もいます。

大好きなことに出会ったあとも、その〝つきあい方〟は人によってさまざまです。たとえば、野球なら、週末に草野球を楽しむこともできるし、プロ野球選手になることもできます。ガーデニング、登山、ギター、カラオケ、ピアノなど、好きなことを趣味として、楽しんでいる人もいます。ミュージシャン、アーティスト、パティシエ、職人、作家になろうと、プロを本気で目指す人もいます。

プロを目指すまではいかなくても、忘年会の余興で歌ったり演奏したりして、みんなに拍手喝采《かっさい》されて満足する生き方もあります。

つまり、大好きなこととのつきあい方には、すごく幅があるということです。

ただ、好きなことを本当に極めていく人と、あまりやらない人とでは、人生の様相がまったく違ってきます。

大好きなことに出会い、それを本格的に始めるのに年齢は関係ありません。でも、年齢を重ねれば重ねるほど、〝制約〟は増えていくでしょう。

たとえば、15歳くらいから自分の好きなことをスタートさせるとしましょう。歌、絵、文章、料理……何でもかまいません。15歳で始めれば、10年間下積みをしても、まだ25歳です。5年、10年とみっちり修業する時間が十分にあります。ところが35歳からのスタートだと、10年間の下積みが終わると45歳になっています。

もちろん、30代、40代からでも、やり直しはききます。何かを始めるのに、一部の体を酷使する活動以外は、手遅れということはありません。

でも、プロとしてその道で生きていくには少しばかり遅いということはあるかもしれません。それは、下積みにかける時間がある程度いるからです。

そういう意味では、いま20代の人は、「大好きなことをやって生きていくのに有利な年代だ」と考えてください。

20代のうちに大好きなことを見つけた人は、その後プロとして生きていくチャンスも多くあるでしょう。つまり、人生をどう生きるかの選択肢がたくさんあるということです。大好きなことをプロとして極めていくのか、それともサラリーマン、公務員などといった仕事をやりながら、大好きなこともやるのか。

1週間のうち1時間でも趣味のフルートを吹いたり、ギターを弾いている人は、何もしていない人よりも幸せです。それは、1カ月に一度でもいいのです。登山に行ったり、サーフィンを楽しむことができれば、生活にハリが出ます。

大好きなことをやる時間を増やせば、いまよりも楽しい毎日を生きることができます。なにより、自分のことが今以上に好きにもなれます。

いま30代、40代のあなた。あるいは「子どものために」と思って手にしてくださった50代、60代のあなた。「まずいものを見てしまった。自分は手遅れなのか……」とは思わないでください。

人生に手遅れなんてありません。大好きなことを見つけるのに遅いということはありません。たしかに20代の人に比べれば、大好きなことだけをして生きていける可能性は低くなるかもしれませんが、いまからでも、あなたの人生はもっとすばらしいものになります。

あなたが望むかぎり、どんなことでも実現可能なのです。

とはいうものの、大好きなことをやる人生には、リスクがいっぱいあります。すべてが順調にいくとはかぎりませんし、途中で生活費に困ったりするかもしれません。かといって大好きなことが０％の人生だと、充実感は限りなくゼロに近くなるでしょう。

では、０％から１００％のなかで、どのあたりを目指すのか。それが、あなたが自分の人生を生きるセンスになっていきます。

たとえ、いま60代の人でも、未来の自分から見れば、いまのあなたはいちばん若い状態です。怖いかもしれませんが、このテーマを遠ざけて生きている人ほど、人生を振り返ったとき、「こんなはずじゃなかった」となってしまう可能性があります。

自分の大好きなことを見ていくと、途中で少し苦しくなるかもしれません。なぜなら、私たちの多くが、これまでに何度も大好きなことに関して、ハートブレークを経験しているからです。一度はプロを夢見てあきらめた過去がある人は、どこかで、がっかりした体験がフラッシュバックするかもしれません。

そのときは、逃げずにその過去と向き合ってください。きっと、あなたの才能がそこから見えてきます。

また、この本を読み進めていくうちに、あなたの理想の生き方のイメージも、きっと見えてくると思います。

どんな未来も、あなたが選択することができるのです。その可能性を感じて、行動に移していただけたらと思います。

では、大好きなことを見つける旅に出かけましょう。

20代で始める
大好きなことの見つけ方

[目 次]

はじめに　大好きなことをやると、幸せになる　3

1　子どもの頃を思い出す

小さい頃に楽しんだ遊びは？　22
小学校の先生に褒められたことは？　25
子どもの頃、よく怒られたことは？　27
ひとりでいるときに、やっていた遊びは？　29

2　学生時代に熱中したことを振り返る

部活動は何をやっていましたか？　32
死ぬほど頑張ったことは？　34
挫折したことは？　36

3 やるだけで楽しいことを考える

イメージしただけでワクワクすることは？ 40
時間ができたときに、やっていることは？ 42
人に勧めたくなることは？ 44
つい熱く語ってしまうことは？ 46

4 よくお金と時間を使うことを見る

何にお金と時間を使うか 50
いくらお金をかけても、気にならないことは？ 53
みんなにびっくりされることは？ 56
時間を忘れてしまうことは？ 58

5 感情がかきたてられることに気づく
よく頼まれることは？ 62
普段、人に褒められることは？ 64
相談されることは？ 67
電話がかかってくることは？ 69
「ありがとう」と言われることは？ 70
感情的にイライラさせられることは？ 73
6 才能の原型を調べる
才能の原型とは？ 78
自分の才能はどこにある？ 81
才能を磨くには 83

才能のかけ算　85

7　人にやってあげたいことを知る

30人の人がいる部屋に入ったら？　88
楽しくやってあげられることは？　91
楽しませたいことは？　93

8　親がやっていたことを思い出す

あなたにとって親の仕事とは？　96
親が好きだったこと、得意だったことは？　98
親のかなわなかった夢は？　100

9 祖父母、親戚がやっていることを見てみる
祖父母の人生を振り返る 104
親戚の職業、生き方は？ 107
モチベーションは必要なのか 109
10 3億円あったら、やりたいことは？
お金の制限がなかったら？ 114
自由に生きると、大好きが連鎖する 116
お金はあとからついてくる 118
11 3年しか寿命がなかったら、やりたいことは？

時間に制限があったら？ 122
リスクを冒すと、人生が面白くなる 124
自分に残された3年を戦略的に考えてみる 126

12 大好きなことに対しての不安を解消する

なぜ、人は好きなことをやらないのか 130
大好きなことは、不安を生み出すようになっている 133
何が不安、心配で、好きなことをやらないのか 135
恐れ、不安のエネルギーをワクワクに変えるには 140

13 幸せなメンターに出会う

大好きなことをやっている人をメンターにする 144
大好きなことをお金に換える方法を学ぶ 146

プロの厳しさを学ぶ 148
どこまで妥協してもいいのか 151
ライフワークを生きる 153

14 ワクワク生きる仲間を見つける
楽しい仲間が、あなたの大好きを加速させる 158
仲間との間に起きるワクワクは、次元上昇の鍵 160
一生つきあえる親友を増やす 162

15 心が落ち着くことを探す
静かなワクワクを知る 166
大好きなことと心の平安 168
深いところから湧き上がる喜び 170

16 自分を止める感情と向き合う
感情が、人生を変える 174
感情を抑圧しないで生きる 176
無価値感と向き合う 178
自分にとって幸せとは何か 180
すべての感情を原動力に換える 183
17 自由に自分の人生をつくる
大好きなことを見つけたあと、どうするか 186
大好きなことをどのスタイルでやるのか 190
趣味に生きる道もある 192
大好きなことで成功するには、具体的な戦略がいる 194

才能の組み合わせで勝負する 198
新しい働き方の準備をしておく 200

おわりに 「幸せの瞬間をつなぐ」という生き方 202

1

子どもの頃を思い出す

小さい頃に楽しんだ遊びは？

5歳の子どもに、「好きなものって、何かあるの？」と聞いたら、好きな食べ物、好きな絵本、好きな遊びなど、いっぱい話してくれるでしょう。けれど、同じ子どもが15歳になったら、好きでもない勉強に追いかけられているうちに、好きなことが何か、わからなくなってしまったりします。

大好きなことが思いつかないという人は、最初のステップとして、8歳くらいまでのことを振り返ってみましょう。

小学校低学年ぐらいまでは、頭でどうこう考えずに、ただただハートだけで動いています。たとえば公園を走り回ったり、友だちとワイワイはしゃいだりしています。子どもたちは、ただ純粋に楽しんでいるのです。4歳、5歳、せいぜい6歳までは、本当に楽しいと思うことしかやらないのではないでしょうか。

5歳の子は、公園で「毎日つまんないなぁ……」などと言って石を蹴ったりしていません。ブランコやジャングルジムを前にして、「落ちたら絶対に骨折する」とは思っていません。5歳でウツになる子なんて、聞いたことがないでしょう。

楽しいと思ったら、自然と体が動くのが、ごく小さい頃なのです。

ここにこそ、大好きなことを見つける原点があります。

大好きなことを見つけるためには、ただただ、楽しい！　というだけで動いていた子ども時代を思い出すところから、始めてみましょう。

才能の原点もここにあります。

たとえば小さな頃にガキ大将として、仲間を10人集めて戦争ごっこをしていた人が、後にベンチャービジネスの経営者になったりしています。

いま、芸能界の第一線で活躍しているコメディアンのなかには、幼稚園の頃から家族を笑わせるのが大好きだった人が多くいます。

子ども時代からゴルフをやったり、料理をしたり、あるいは将棋をやったり、絵を描いたりと、天才といわれる人たちは、あたかも過去世でやっていたのかと思えるぐらいに、ごく小さい頃から将来の仕事にはまっています。

あなたも、小さい頃の記憶を呼び戻してみてください。そこには大好きなことを見つけるヒントが、キラキラ光る原石のようにちりばめられているはずです。

自分が小さい頃のことをあまり覚えていないという人は、親や親戚に聞いてみるといいでしょう。

自分はどういう遊びをしていたのか。そして、どういうときに楽しそうだったのか。親戚のおじさんに言われて初めて、その頃、夢中だったことを思い出すかもしれません。

そこにはきっと、あなたの大好きなことや才能の芽のようなものが、ちょっぴりかもしれないけど、顔を見せていることでしょう。

そうです、もうお気づきかもしれませんが、記憶のなかのあなたは、自分が大好きなことをすでに知っているのです。

小学校の先生に褒められたことは？

小学校の先生には、褒め上手な人がたくさんいます。子どもたちの才能をよくわかっていて、的確に認めてくれるすばらしい先生です。

「駆けっこが速いね」

「計算が早い」

「身の回りの整頓がよくできる」

「あなたは、本当にやさしいのね」

あなたも、小学校低学年のときに、何回か褒められたことがあるはずです。

その褒められたことが、じつは大好きなことである可能性が高いのです。

絵を褒められたり、歌を褒められたり、「人前でハキハキ話せたわね」とよく言われたり……。

ところで、小さい頃、あなたは何かの賞を取ったことはありませんか。絵や作文で賞を取った、スピーチの賞を取った、あるいは運動会でメダルをもらった……。それは、どんな賞でもかまいませんが、あなたの才能や大好きなことに関係していることが多いのです。

賞を取ると、自信がつきます。周りからも褒められるでしょう。

小学校のときに自分が描いた絵が褒められたら、すごく楽しかったはずです。それなのになぜ、いまはやらなくなってしまったのでしょう。

それは、いまとなっては、大好きなことが勉強や仕事の邪魔になると考えているからです。好きなことをやったら睡眠時間が減るし、いまの生活のバランスが崩れてしまうと思っているから、大好きなことを避けようとする人も多いのです。

睡眠時間を少し減らすことになったとしても、好きなこと、昔はまったことをやってみましょう。それが本当に楽しかったことを思い出し、忘れていた情熱を取り戻すきっかけになるかもしれません。

子どもの頃、よく怒られたことは？

小さな頃、学校や家で、よく怒られたことは何かありませんか。

じつはこれも大事なポイントで、お母さんお父さん、学校の先生、先輩などに怒られたことは、あなたの才能の裏返しである可能性があります。

たとえば、「静かにしなさい」と言われた子は、エネルギーがありあまっているともいえます。

「整理整頓しなさい」と怒られた子は、いろいろなことを展開してしまって収拾がつかなくなっているのです。将来、いろんなことを同時並行しておこなうマルチ的な才能の原型がそこにはあります。

家にずっと引きこもってパソコンをやっていたり、本を読んでいたり、ゲームをやっていたりすると、「家を出て、もっと外で遊びなさい」と怒られたことでしょう。

逆の見方をすれば、ずっと引きこもってパソコンなどをやっていた子どもは、たぐいまれな集中力があるともいえます。

ただ、バランスに欠けているから、「いいかげんにしろ」と怒られるわけです。逆にいうと、バランスに欠けるぐらい集中していた、ということでもあるのです。

学生時代は、すべてバランスよく点が取れる人が評価されますが、大人になると、バランスは悪いけど、際だったものがある人のほうが評価されがちです。

私は小さい頃、よく「黙りなさい」と言われました。ということは、その頃からずっと話したいことがたくさんあって、話すことにエネルギーを注いでいたといえるでしょう。それが講演をライフワークとしている現在の自分につながっているわけです。

小さい頃に自分が怒られたり叱られたりしたことを思い出していくと、その裏にある才能に、ハッと気がつく瞬間があるはずです。

ひとりでいるときに、やっていた遊びは？

あなたは、ひとりで遊ぶことがありましたか？

どんなに友だちがいる子でも、ひとりになったときは、何かやっていたことがあるはずです。

それは、ごく普通のことで、ひとりっ子ならなおさらそうでしょう。そのときに、何をしていたかが、じつは、将来その人が使う才能に関係していたりします。

そういう点では、あなたがひとりでいるときに何をやっていたかを思い出すのも、自分の才能を見つけるために役立ちます。

ずっと本を読んでいた、文章を書いていた、絵を描いていた、走っていた、料理をしていた。また、空想の世界に浸っていた、人形遊びにはまっていた、ゲームをしていた、プラモデルを作っていた……。それぞれひとりで楽しんでいたことがあるはずです。

そういったことが、手を動かしたり、何かモノを作ったり、クリエイティブに活動したりという才能につながっていきます。

また、一緒に住んでいた祖父母の話を聞くのが好きだった人もいるでしょう。そういう人は、後に介護の世界で活躍する可能性が高いのです。おじいちゃん、おばあちゃんと一緒にいると、自分も癒されるのです。もちろん、介護される人も、その人のことが大好きになるでしょう。

このように、あなたが、ごく自然に楽しんでいたこと、やっていたことは、あなたの大好きなことであり、才能です。

才能は、どんな人でも、ごく小さい頃から、その人の生活に姿を現しています。子どもの頃を思い出してみましょう。

2

学生時代に熱中したことを振り返る

部活動は何をやっていましたか？

あなたは学生時代、何がいちばん楽しかったでしょうか？

テストでいい点を取るのが楽しかったという人もいれば、友だちと一緒にいるのが楽しかったという人もいるでしょう。給食の時間が楽しかったという人もいれば、休み時間が楽しかったという人もいるでしょう。

私は、クラスメートを笑わせることがいちばんの楽しみでした。とくに先生に突っ込んで笑いをとるのがすごく楽しかった記憶があります。早い話がヤジです。先生が何か言うときに、ボソッとヤジるのです。それが爆笑になると、「やった！」という感じで、ガッツポーズでした。

このように学生時代にいちばん楽しかったことが、大好きなことである可能性もかなり高いと思います。

あなたは、小中高時代、あるいは大学でどんな部活動をしていたでしょうか？

大好きなことを見つけるひとつの方法として、学生時代に何に時間をかけていたのかを見るというのがあります。

面白いもので、放送部に入っていたという人は、いま、テレビ関係の仕事をしている人が少なくありません。美術部だった人は、イラストレーターやデザイナーになっている人が多いようです。

また、ミュージシャンになっている人は、学生時代、ブラスバンドや合唱部などで活動していたり、バンドをやっていたという人が多いように思います。

これはある意味では当然の話です。部活動というのは基本的に嫌いなことをやったりはしません。練習は苦しくても、楽しいところがあったはずです。

ですから、部活動がその人の後の人生の原型をつくっている可能性は高いと思います。いま一度、学生時代のことを振り返ってみましょう。

死ぬほど頑張ったことは？

小中高大学と続く学生時代、死ぬほど頑張ったことは、何かありますか？

剣道部で汗を流した、美術部の活動で徹夜して作品を仕上げた、文化祭でダンスパーティを企画して、みんなですごく盛り上がった……。何でもＯＫです。

私の知り合いには、文化祭のときに模擬店を企画して、かなり頑張ったという人がいます。それが楽しくて、後にプロの料理研究家になりました。

「死ぬほど頑張る」という行為は、本人が意識している意識していないにかかわらず、大好きなことでなければなかなかできるものではありません。

また、それだけ頑張った体験は、次の何かに必ず生きています。一生懸命やると、才能らしきものが開発されるからです。

学生時代は、あなたのことを知る材料の宝庫です。

学生時代を通じて、もっともイヤだったことからも、あなたの才能は見つけることができます。

「そんなことは思い出したくもない」という人が多いかもしれませんが、それが大好きなことを見つけるヒントになる場合も少なからずあるのです。

たとえば、いじめに遭った人が、後にボランティアで傷ついた人の悩み相談にのるようになって、カウンセラーの仕事に就いたりします。

校内のスピーチ大会で大失敗して大恥をかいた人が、後に人気講演家になることもあります。その後、一生懸命練習をして、スピーチがうまくなったのです。

勉強が苦手で成績が悪かった人が、後に予備校の人気講師になることもあります。それは、学生時代に勉強がイヤで仕方がなかったので、どうやったら楽しく学べるのかということを研究した成果です。

イヤな思い出も、けっして自分の〝汚点〟ではないのです。

挫折したことは？

学生時代に、絵、歌、勉強、スポーツなどで挫折した経験がある人も、けっして少なくないでしょう。自分には才能がないと思ってあきらめた人は多いのです。たしかに、目を瞠《みは》るようなすごい才能はなかったかもしれません。でも、まったく才能がなかったのではなく、「まあまあの才能」はあったかもしれないのです。才能があるのか、才能がないのかという二者択一なら、才能はあるほうだったのでしょう。ただ、それが、ずば抜けた才能でなかっただけなのです。

これを機に、学生時代にやっていて挫折した活動を復活させるのもいいかもしれません。

絵を描くのが好きだった人は、絵を封印している可能性があります。歌や勉強、スポーツで挫折した人は、しばらく遠ざかっている可能性があります。それを改めて純粋な楽しみとしてやってみるのです。

いろんなことが思い出されるでしょうが、きっと新しいスタートになることでしょう。それは、忘れていたあなたの才能との何年ぶりかの再会です。

過去の挫折体験にはハートブレークがつきものです。

たとえば、小学校～中学校と美術部に所属していて、「いちばんうまい」と自他ともに認めていたような人の場合。その人が高校の美術部に入ってみると、周りはもっとうまい人ばかりだということを発見します。「自分はもう駄目だ」と思い込み、心がボロボロになって美術部すらやめてしまう……。

そんな経験は二度と思い出したくないという人もいるでしょう。それは文化祭などで、イベントを企画したり、演奏したりしたときの大失敗だったりします。でも、それは、挑戦したから起きたことです。何もやらなければ、何もなかったわけで、頑張った自分を褒めてあげましょう。

これは私自身も味わってきたことなのでいえるのですが、ハートブレークは、真剣に生きれば生きるほど必ず出てくるものなのです。情熱的に生きた勲章といってもいいでしょう。

何かに打ち込んだ経験がある人は、後に何か別のことでその芽が出ます。いま成功している人たちの多くも、思い出したくもないような大失敗を10代の頃にいくつもしています。時には、トラウマになるぐらい恥ずかしい体験をしている人もいます。

何かができないことに対して落ち込んだり、友人が自分よりも優秀だとガックリきた経験は、長い目で見ればなんでもありません。

なぜ、あなたがそこまで落ち込んだりガックリきたかというと、そこにあなたの才能があるからです。

そこから奮起して、才能を開発することもできたのに、あきらめてしまった可能性があります。

そこにはきっと、あなたの未開発な才能が眠っています。ここまで読んできて、ドキドキした人は、ぜひもう一度、それをやってみてください。

3

やるだけで楽しいことを考える

イメージしただけでワクワクすることは？

今度は、現在のあなたの生活から、あなたの大好きなことを見つけていきましょう。

あなたには、イメージしただけで、ワクワクしたり、ついニヤッとしてしまうような楽しいことが何かありますか？

たとえば、料理が大好きな人は、会社にいても、その日の夕食のメニューを考えただけで、ついニヤニヤしてしまいます。

サーフィンが好きな人は、会議中でもサーフィンのことを考えたら、いつの間にか波に乗っている爽快な気分になるでしょう。

駅のホームでゴルフのスウィングの真似ごとをしている人は、コースに出てバーディを取っているような気分になっているはずです。

イメージすることは、海外旅行に行っていることだったり、ベストセラー作家になっていることだったり、大きなステージで歌っていることかもしれません。それは、大好きなことをやっている自分の姿が頭のなかにあって、ある意味では、未来の姿を見ていることを意味しています。

才能がないと、そんなことはイメージしません。それが大好きなことでなければ、人はイメージしないものです。

たとえば、緑豊かな牧場のなかで馬に乗っている姿をイメージする人は、自分がパソコンでプログラムを書いているところはイメージしないでしょう。

イメージする癖をつけておくと、ものごとを引き寄せやすくなります。実際にチャンスがきたとき、「これだ!」ということが瞬間的にわかるからです。

やっていることをイメージしただけで生きている実感が持て、エネルギーが高まってくることを探してみましょう。

時間ができたときに、やっていることは？

あなたには、少し時間ができたときに、やっていることは何かありますか？

「寸暇を惜しんで」という言葉があります。ほんのわずかな時間でも無駄にしない様子を意味していますが、そこまで夢中になれることは、あなたが大好きなことである可能性が高いと思います。

たとえば、会社の昼休みのほんの少しの時間に英語を勉強したり、難読漢字を覚えたりする。

あるいは、ヘトヘトに疲れて帰ってきてバタンと寝たいところなのに、自分の大好きなシナリオライターの作品集を読み返したり、ブログやSNSに写真をアップしたり、文章を書き足したりする。

あなたの日常生活を観察していると、きっとやっていることがあるはずです。

電車を待っている間に、ブログを更新するための文章を書いてしまう。

友人を待っている間に、持っている本を読む。

ビジネスモデルを考える。

周りの人が何をやっているか、観察する。

友人にメールをして「元気?」って聞いてみる。

遊びにきた友人が雑誌を読んでいるほんの15分間で、冷蔵庫の余りものでおいしい料理を作る。

このように、ちょっと時間ができたときにやっていることは、間違いなく大好きなことでしょう。

朝から夜寝るまでのあなたの行動を調べてみましょう。なぜいままでそれに気づかなかったのだろうと思うぐらい、あなたの生活の一部になっている活動です。

客観的に見たら、一発でわかることがあるはずです。

きっと、自分でもびっくりするような「好きなこと」が見つかるはずです。

人に勧めたくなることは？

ある著名な評論家の方と対談したときのことです。

「リスナーの方に何かメッセージがありますか？」とうかがったら、とっても面白いことをおっしゃいました。

「ペットボトルの蓋でもいいですから、とにかく集め始めてください」

「!?」

聞いている私のほうは、ポカンとするしかありませんでした。

この不可解な言葉の絵解きをしてみましょう。

じつはこの評論家の方は有名なコレクターなのです。彼に言わせると「ペットボトルの蓋を集めると世界が変わります」とのこと。私はピンときませんでしたが、彼にしてみれば、それだけ楽しいことだからあなたもどうぞ、と人にも勧めたわけです。

そもそも人は、自分がはまっていることをつい人に勧めたくなるものです。

ペットボトルの蓋集めを勧めてくれる人はめったにいないでしょうが、「毎日散歩をしたほうがいいですよ」「水泳は体にいいですよ」「絵を描くと楽しいですよ」「緑のある公園で深呼吸すると気持ちがいいですよ」「文章を書くと気持ちが落ち着きますよ」など、あなたは人から勧められたり、人に勧めたことはありませんか？

あなたが、つい人に勧めたくなることも、同じようにあなたの才能です。

「料理をもっとやったらいいですよ」とか、「人前で話す仕事に就いたらどうですか？」とか「本を書いたらいいですよ」など、具体的に言うこともあるはずです。そういうちょっとしたヒントを逃さないことです。

そうやって、つい人に勧めたくなるとき、あなたの才能が、開発されつつあることを覚えておいてください。

つい熱く語ってしまうことは？

テレビの討論番組が面白いのは、語り手がつい熱くなってしまう〝本気度〟にあるのではないでしょうか。

人は、自分が大好きで、思い入れがあるテーマについては、ついつい熱くなって話してしまう傾向があります。

政治について熱く語る人もいれば、環境について熱く語る人もいます。料理について熱く語る人もいれば、野球について熱く語る人もいます。

あなたには、話しだしたら止まらないようなことが何かありますか？

英語をマスターする方法や速読の方法を話しだしたら止まらないという人がいます。「○○法のいいところはね……」という感じで、解説しだしたら、何時間だって話せるというテーマは、どんな人にもいくつかあるはずです。

それは、料理法かもしれませんし、携帯電話の会社はどこがいいかということかもしれません。猫や犬のしつけの方法、ダイエットや禁煙のやり方、セラピーの種類、ビジネスモデルやマーケティングの手法など、はまるネタはたくさんあります。

あなたが、つい友人に語ってしまうこと、それがあなたの大好きなことです。意外にも自分では気づかないかもしれませんが、あなたのパートナーか、友人に聞いてみてください。すると、「そういえば、いつも、ずっと○○のことばかり話しているよね」ということを教えてくれるはずです。

つい熱く語ってしまうということは、そのトピックに関心があるわけで、普通の人よりも、はまっているはずです。そういうことのなかに、自分の大好きなことが潜んでいる可能性は高いでしょう。

そして、それは、間違いなくあなたのまだ開発されていない才能にもつながっているはずです。

4

よくお金と時間を使うことを見る

何にお金と時間を使うか

仕事と生活以外で、自分は何にお金と時間を使っているのか。それを見ていくことで、自分の大好きなことが見えてきます。

私たちは、大好きなことには、お金と時間とエネルギーを使うものです。よほど生活に困っている人は除いて、生活費以外にいちばんお金をかけていること、それがあなたの好きなことです。

ところがほとんどの人が、自分が何にお金と時間を使っているのか、じつはあまり把握していません。

かく言う私自身がそうでした。

私は学生時代、本にすごくお金を使っていました。当時、学生が1カ月に必要な生活費は10万円程度だったと思いますが、私はそれ以上の額を本代に費やしていました。

それだけ本が好きだったということです。1冊で1万円とか2万円する本も平気で買っていました。そんな私の行動を知っている友人はずいぶんびっくりしたようです。

アパートの狭い部屋の壁一面はすべて本棚で埋め尽くされていました。友人からは「大きな地震が来たら、お前は間違いなく死ぬぞ」と言われ、本気で心配してくれる人もいたほどです。

あるとき、遊びにきた友人が、部屋をぐるりと見まわして言いました。

「お前、すごいな。こんなの見たことないよ。とてつもない本好きだよなあ」

そう言われた私は、意外な思いに包まれていました。それまで、自分は本が好きだということを認識していなかったのです。えっ、自分は本好きなのか……⁉

彼のひと言で初めて気づかされたのです。

本棚に囲まれた部屋に住んでいながら、どうして私は、自分のことが本好きだと気がつかなかったのでしょう。

たとえば、毎朝必ずヨーグルトを食べている人が、知人から「あなた、ヨーグルトが大好きなのね」と言われて初めて気がつくようなこともあると思います。あるいは、友人から「お前、あの子のことが好きだろう？」と言われて、初めて彼女のことが好きだとわかることもあるでしょう。

要するにあまりにもはまりすぎていると、見えなくなることがあるのです。私にとって本がいっぱいあるというのは、ごく当たり前のことでした。それが自然だったので、見えていなかったのです。

あなたがお金と時間をつい使ってしまうことを考えてみましょう。たとえば、それはおいしいものを食べ歩くことだったり、バイク、車、洋服かもしれません。何かを集めることかもしれません。旅行に行くことかもしれません。

私の本代ではありませんが、お金と時間のかけ方のバランスが悪いことに、あなたが大好きなことが潜んでいる可能性は高いでしょう。

いくらお金をかけても、気にならないことは？

いくらお金をかけても気にならないことというのも大きなポイントです。

お金がいくらあるかは関係ありません。一般的にいえば、10万円、20万円かけても気にならないという感じでしょうか。

本に関しては、私はまさにその感覚でした。

あるとき、友人と町なかを歩いていて、古書店に百科事典があるのを見つけました。12万８０００円の値札がついていたと思います。

当時の私にとっては1カ月の生活費に相当する大金です。でも私は、迷うことなく即座に買おうと決めました。

すると、友人が慌てたように「お前、やめておけよ。そんなもん買ってどうするんだよ？」と、心配そうに言いました。

今度は私がびっくりする番です。

「どうするって……。40巻、すべてそろっててるし、箱もついているんだよ。これって、すごいお買い得じゃないか？」

「いや、俺はぜんぜんほしくない」

「えっ、なぜ？　こんなにすごいチャンスなのに、買いたくないの？」

自分にとっては当たり前のことなので、お買い得な百科事典があれば誰でも、「ラッキー！」と飛びつくものだと思っていました。じつは、こういうことをする人は少ないのだと思い知った瞬間でした。

結局、友人の反対にひるむことなく、私は満面の笑みで百科事典をレジに持っていきました。そのときの友人のあきれた顔が忘れられません。

このように、いくらお金をかけても気にならないこと、それがその人の大好きなことなのです。「いくらお金をかけても、気にならないこと」は、後々ライフワークへとつながっていくことがあるのです。

私は同年代のなかでも、かなりの量の本を読んでいました。時間もいっぱいあったし、通訳や投資でお金も稼いでいたので、少なくとも1日最低3冊から5冊は読むようにしていました。1年間で1000冊、いや、それ以上読んでいたでしょう。世界のいろんな速読法をマスターしたのも、この頃です。

後には、それに加えて英語の本を1日1冊読むというノルマも自分に課しました。読み終わらないと寝ないというルールを決めたので、大変でした。

当時は、想像もしませんでしたが、それだけの時間とお金をかけたことが、いまの作家という職業につながっていると思います。

レストランで一度に2万円も使う20代の青年は、後に料理の世界に進んでも、まったく不思議ではないでしょう。お金と時間のかけ方のバランスが悪くなるほどはまっていたとすれば、将来その分野で成功する可能性があると思います。

あなたにとって、いくらお金と時間をかけても気にならないことは、どんなことでしょうか？

それを追いかけていくと、あなたの才能が姿を現してきます。

みんなにびっくりされることは？

その後、私は、各分野で成功している有名な方々の講演にはまりました。セレブが集まるいろんなパーティにもよく参加しました。

当時でも、講演の参加費は1万円以上しました。政治家のパーティともなると、2万円ぐらいするのが普通でした。

いくらバブルの時代とはいえ、20歳そこそこの学生の身分で1万円だ、2万円だと出してまでセミナーやパーティに参加しようという人はほかにいませんでした。当然、会場で私の存在は、すごく目立ちました。

「君、学生でしょ？　よく来られたね。誰からチケットもらったの？」

「いえ、自分で払って来ました。先生に会うためです」

そう言われると、有名な方でもうれしいようで、一瞬で笑顔になりました。

「それは、すごいことだ。うれしいね。今度食事でもご馳走してあげるよ」

などと言われ、ずいぶんかわいがられました。

実際、私は、親のお金などでなく、自分でビジネスをやって稼いで参加していました。会場で出会ったVIPたちは、そんなところも面白いヤツだなと思ってくれたようで、後にいろんな人を紹介してくれました。

私がセミナーや講演にはまってしまったのは、それが本当に楽しかったからですが、新しいことが学べて、自分の人生がぜんぜん変わってしまったような感じがしました。たった2時間で人の人生を変えてしまう講師に憧れました。

結果的にそれが、自分のライフワークになってしまったわけで、不思議な感じもします。

あなたにも、自分の経済状態と比べてアンバランスなお金の使い方をして、みんなにびっくりされるようなことはありませんか?

時間を忘れてしまうこととは？

あなたが、時間を忘れてしまうこと、楽しいからついやってしまうことも、間違いなく、あなたの大好きなことです。

絵を描いていて、気がついたら夜中の2時になっていた。

原稿を書いていたら、ビジネスプランを書くことに集中していたら、あっという間に夜中の2時になっていた。

こうした経験をしたことはありませんか。ネットサーフィン、ロックミュージックを聴いていた、地図で調べものをしていた……何でもかまいません。

そんなときは、「えっ!?　もう2時なのか。そろそろ寝ないといけないな。でも、寝るのがもったいない……」と思ったはずです。

いったんやり始めたら、時間があっという間に経ってしまうこと、睡眠時間を削ってもいいぐらい楽しいことというのも、大好きなことなのです。

土曜日から日曜日にかけて、ついついサーフィンに出かけてしまう、登山に出かけてしまう。あるいは、1泊2日で写真やダンスの合宿をするとか、オールナイトで映画を5本ぐらい観続ける。

このように、休日にやることも、あなたが大好きなことである可能性が高いでしょう。

あなたにも、もっと休みがあったらやりたいことはありませんか？

たとえば、1週間休みがあったら、朝から晩まで映画を観続けたい、本と戯れたい。あるいは、体を動かしたい、海外に行きたい、料理をしていたい、インターネットで調べものをしていたい、といったことです。

私の知り合いで、3日休みがあれば、アジアの近場に2泊3日で海外旅行に出かける人がいました。旅が大好きな人は、空港から直接職場に行かなければならなくなっても、ぜんぜん気にならないようです。

それだけ楽しくてはまってしまうことを、あなたも探してください。

5

感情がかきたてられることに気づく

よく頼まれることは？

何度も繰り返しになりますが、大好きなことは、あなたが意識せずにやっていることが多いものなのです。なぜだかわかりますか？

あまりにも自然に人生のなかに溶け込んでしまっているので、気がつかずにやっていることが多いのです。自分が大好きなことがわからないという人のなかにも、言われるまで気がつかなかったという人がいるかもしれません。

その確認法をお教えしましょう。

あなたが、人によく頼まれることは何ですか？

それが、あなたが得意なこと、大好きなことである可能性があります。

たとえば、結婚式の二次会の司会をやってくれないか、と頼まれる人がいます。

その人は司会の上手な人だと断言してもまず間違いないでしょう。

なぜかといえば、人生において二度とない（はずの）結婚式の二次会の司会を下手な人には頼まないからです。

「お客さんがくるから、料理を作ってくれない？」などと頼まれることも、「絵を描いてくれない？」などと頼まれるのも、同じです。料理や絵が得意ではない人にわざわざ頼みはしません。

その人が、そのことが得意で、上手に楽しくできて、しかもそれほど負担にならないだろうとわかっているから頼むわけです。

ですから、よく頼まれることのなかには、必ずといっていいほどその人の才能が眠っているのです。

それは、ちょっと文章を書いてほしいということかもしれないし、資料をまとめてくれないかなということかもしれません。あるいは営業に一緒についてきてくれないかということかもしれません。

頼まれごとを真剣にこなしていくと、「人を幸せにする力」も増していきます。

普段、人に褒められることは？

人は褒められることが大好きです。

ところが、「普段」という条件付きとなると、あまりにも日常的すぎて本人も意識していないからでしょうか、褒められてもスルーしてしまうようです。

「さっきのスピーチうまかったよ」

「得意先の担当者の前で、君が言ったあの冗談、面白かったなあ」

「この企画書すごいね」

などと褒められても、ピンとこないのです。

一方、褒める側の立場からすると、よほどのお世辞ではないかぎり、何か才能を感じたり、感謝したいことがあったりしたからこそ褒めているのです。

じつは、そんなあなたが褒められることのなかに、才能が隠されている場合も少なくありません。

たとえば、「よく整理整頓しているね」とか、「車をきれいにしているね」などと言われることはありませんか。これだって立派な褒め言葉です。

でも本人は褒められたとは思っていません。

なぜかというと、本人は、車ならいつも磨いているからです。別段、車をきれいにしているという意識がないのです。本人にとっては普通のことだから、褒められたとは感じられないのです。

面白いことに、褒められることの多くは、当の本人は褒められようと思って意識してやっているわけではなく、ごく日常的にオートマチックにやってしまっていることなのです。

ところが世の中、見る人は見ているのです。

そして、それが本当に素敵だなと思ったら、自然とそれは褒め言葉として口をついて出てしまうのです。

また、別の切り口から見ると、あなたが誰かのことを褒めたり、アドバイスをするときにも、才能を使っていることがあります。

たとえば、洋服のコーディネートが上手な人は、「グレーのスカーフを合わせたら、もっと素敵になりますよ」などと自然に言います。「その髪形、ちょっとウェーブをかけたらもっと美人度が増すよ」などと言う人もいるでしょう。

要するに、人はわかっていないことまでわざわざ口にしないものなのです。言い方を変えれば、見えているからこそ、自然と口をついて出てしまうのです。それはもう、「プロの発言」「達人の発言」の一歩手前といってもいいでしょう。

これからは誰かに褒められたとき、素直にそれを受け止めたほうがいいのです。また、誰かを自然に褒めているとき、それがあなたの才能であり、大好きなことかどうかも、見てみましょう。

相談されることは？

「相談されること」というのも、大好きなことと関係があります。

たとえば、自分がインテリアの相談をしたいとしましょう。そんなとき、インテリアのセンスがない人には相談しないものです。

たとえば、あなたが「この色合いはどう？」などと聞く人はだいたい決まっているのではないでしょうか。センスがない人に聞いても、「いいんじゃない」くらいしか言ってもらえないので、あまり役に立たないのです。

恋愛の相談がしたいときも、恋愛が苦手な人には持ちかけないでしょう。恋愛のことをよくわかっていて、人の話をよく聞いてくれる人に相談するものです。

相談されるというのは、センスがあって信頼できるからこそなのです。

逆に、あなたがよく相談することも、じつは大好きなことなのです。

なぜかというと、それがすごく気になるということですから。

たとえば、どんな髪形にしたらいいのだろうとか、どんなファッションにしたらいいのだろうなどということをずっと気にしていて、相談する人というのは、そこに才能があるということなのです。

ずっと気にしてきたということは、それだけエネルギーを保持してきたということでもあります。

つまり、大好きなことを見つけるという作業は、あなたのエネルギーがいちばん向かっているところを探りましょうということなのです。

いま、いちばんワクワクしたり楽しかったりすることが、いちばん乗っているということなのです。

言葉を変えれば、大好きなことを探すということは、自分をお調子者にする分野は何なのかを探る、ということでもあります。

電話がかかってくることは？

「アートの個展が開催されているけど、行かない？」

「講演会に行くんだけど、一緒に来ない？」

　このように、気軽に電話で誘いを受けることはありませんか？

　映画でも展覧会でも、ワインの試飲会でもいいのです。

　電話をかけてくるほうも、関心がなさそうな人にはわざわざ連絡してきません。

　相手が反応することがわかっているから電話するわけです。

　ですから、電話がかかってきたり、メールで情報が入ってくるというのは、それがその人の大好きなことである可能性が高いのです。

　連絡がわざわざあるということは、誰かの頭のなかに、あなたはそれが好きだという情報が入っているからなのです。

「ありがとう」と言われることは？

どんな人でも、「〜してくれて、ありがとう」と言われることがあると思いますが、この「ありがとう」と言われる場面から、あなたの才能を探ってみましょう。

たとえば人を紹介したり、何か料理を作ってあげたり、相談にのってあげたり、パソコンを教えてあげたりすること。あなたが何か喜ばれることをしたから、感謝されて「ありがとう」と言われたわけです。

自分の嫌いなことや苦手なことを人にしてあげることはないはずです。ですから、人から「ありがとう」と言われたその〝何か〟は、あなたが気づいていない才能を使った可能性があるのです。

人生にはいろんな生き方がありますが、人の役に立つこと、人に喜ばれることをやって生活できる人は、幸せです。

自分が誰かを幸せにしているとしたら、それは、その人を心穏やかにしてくれるでしょう。自分は、人の役に立っているという感情は、その人自身をも幸せにするものなのです。

また、逆に、あなたが感謝したいことという側面でも見ておきましょう。

私の学生時代の知り合いで、映画の世界に進んだ人間がいます。

あるとき、その彼が酔っぱらって、「映画が存在しているだけでありがたいと思わないか。僕は映画という存在に感謝したい」と熱く語ってくれたことがあります。個々の作品ではなく、映画そのものに対して感謝したいと語ったことが印象に残っています。正直なところ、「なんで、映画に感謝するんだろう??」という気持ちも残りました。

でも、その後いろんな成功した方々に話を聞いていると、みんな自分が属する分野に、深く感謝していることがわかりました。

たとえば、政治家は、本気で日本という国を愛しているし、経営者は、経済界を大切に思っているし、教育者は、学校が大好きです。

料理人は、料理道具に感謝しているでしょう。スポーツ選手は、ボール、グローブ、バットなどの道具に感謝しているかもしれません。

考えてみれば、私の場合も、本に対してなら、さきほどの彼と同じような思いがあります。本が存在していることにありがとうと感謝したい気持ちです。

本は、お昼ご飯ぐらいの値段で、人生の英知を教えてもらうことができるすばらしいツールです。人生が変わるきっかけには、いろいろあるでしょうが、本ほど、その人に深く入っていくものはないのではないかと思います。

あなたにも、何か感謝したい存在はありますか?

食べ歩きが好きな人は、レストランに感謝したいという気持ちがあるかもしれませんし、旅行が好きな人は、飛行機や新幹線に感謝したい。あるいは、IT関係の人は、インターネットの存在に感謝していることでしょう。

感謝したいほど大好きなことに、もっとはまってください。あなたの人生の意味もそこに見つかるでしょう。

感情的にイライラさせられることは？

先日、20代の男性から相談を受けました。

「健さん、僕がいまつきあっている彼女は、性格がよくないかもしれません」

あるとき、彼は、彼女が行ってみたいと言っていたお店の前で彼女と待ち合わせたそうです。雑誌などでもよく取り上げられる評判のお店です。

ところが彼女は、お店に足を一歩踏み入れたとたんに機嫌が悪くなってしまったそうです。

「急にイライラし始めて、この青色のテーブルにオレンジの壁紙はないでしょう、だいたい椅子の形もありえない、とかブツブツ言っているのです」

と彼は言います。

私は、まだ学生だという、会ったこともない彼女が就きたがっている職種をズバリ言い当てました。

「インテリア業界に就職を希望していませんか」

彼は驚いた表情で固まってしまいました。

「どうしてわかったのですか……？」

私は超能力者でも何でもありません。彼女の言動から推理したまでです。

彼女は、そのお店に入ったとたんにイライラし始めて、内装について文句を言い始めました。

彼女がなぜ、そんなことを言ったのか？

そこを考えたら、すぐに答えが出ます。彼女はインテリアに興味があり、大好きだからこそ、そのお店のダサいインテリアを見たとたんに腹が立ってきたのです。そんな純粋な彼女はきっと、インテリアのことが大好きで、就職もこの業界を希望しているのでは、と考えたのです。

彼女にかぎらず、自分の大好きなことが軽く扱われたり、ないがしろにされていると、感情的にイライラするものなのです。

たとえば、レストランで、この味つけはないでしょう、この温さはないでしょうなどとイライラする人がいます。こういう人は、料理が大好きで、料理の才能もあるのです。

やはりレストランに入って、「こんなサービスはないだろう」「こんなサービスをしてくれたら、もっと楽しいのに」などとイライラする人は、おもてなしの才能があるのです。

自分が大好きな分野だからこそ、感情が動くのです。そうでなかったら、お店のインテリアが自分のセンスに合わないからといってイライラすることはないでしょう。その分野に才能がなければ、別に何も考えないはずです。

感情が動くのは、お店のインテリアが気に入らなかったり、レストランの対応が悪かったりしたときばかりとはかぎりません。

たとえば、結婚式の二次会の仕切りがなってない、もうちょっとちゃんとやってよ、とイライラする人もいるでしょう。こういう人は、仕切ることが大好きで、その分野に才能があったりするのです。

イライラのほかに、嫉妬《しっと》という感情もあります。

たとえば、結婚式などで上手にスピーチしたり、面白おかしくしゃべった人に対して嫉妬を感じる人がいます。そういう人は「自分も本当はもっとやれるのに」などと考えたりします。

概してイライラや嫉妬という感情はマイナスイメージでとらえられがちですが、自分の大好きなことは何かを知る強力なバロメーターにもなるのです。

嫉妬は、自分にはないという欠乏感が、あぶりだされるときに、起きます。自分には美しさがない、人望がない、異性にモテない、仕事ができない。そういった自分にはないと感じるということは、それがあるかないかで判断しているわけで、世間的に見たら、十分にそこに才能があるということはよくあるのです。

アートの才能のなさに絶望できるのは、その才能がないということを評価できるだけの才能があるということを意味します。

6

才能の原型を調べる

才能の原型とは？

「あの人は、生まれついての商売人だよね」
「彼女って、いつも女優気取りよね」
「あいつは、根っからの勝負師だ」

日常的にも、こうした会話がよく交わされています。

じつは、この言葉のなかにこそ、才能の原型のヒントがあるのです。

女優という原型を持っている人には、それらしい魅力と気品があります。それを自分のなかで上手に吸収し消化できると、周囲の人は、彼女の気高さ、美しさを目の当たりにして感動したり、憧れたりします。

逆に、うまく消化吸収できないと、彼女は単なるプライドが高いだけの嫌みな人になってしまいます。

こうした原型を感じたり、見たりするのに、特別な才能は必要ありません。

ためしに、学校のクラスメート、クラブ活動の仲間、会社の同僚や上司、取引先の担当者、よく行くお店のシェフ、親戚などの顔を思い浮かべてみてください。きっと、何人かの原型をすぐに言い当てられることでしょう。

「才能の原型」というのは、本人がわかっている、わかっていないにかかわらず、その人が持って生まれたものです。

自分の才能の原型にはまった仕事をすると、楽しくて仕方がないものです。

たとえば、料理を作る人というのもそうだし、人の相談にのってあげる人、人にいいアドバイスをする人、勇気を与える人、癒す人など、いろいろあります。リーダーというのも、才能の原型のひとつです。

私には、エンターテイナーという才能の原型があります。人前で面白いことを言ってどっとウケたら、それだけでとっても幸せな気分になります。私は、小さい頃から人を笑わせるのが大好きでした。自分の才能の原型として小さな頃からあったのでしょう。

ただ、「才能の原型」というのは、ある年齢になって表面に出てくることがあります。

たとえば30代で開発されるもの、40代で開発されるもの、50代で開発されるものがあり、みな同じというわけではありません。

面白いことに、30代ではビジネスマンの原型がある人も、40代になると徐々に教育者の原型が出てくる場合もあります。40代、50代になってから教育者の才能を使って、後輩を教えることに喜びを見いだす人も少なからずいます。

仕事を変えなくても、仕事のやり方が変わってくるケースもあります。

たとえば、編集者でも、これまで文芸系の本ばかり手掛けていた人が、クリエーターやアーティストとの仕事が多くなるというのも、それに当たります。

こういうパターンで、才能の原型がどんどん開かれていくこともあるのです。

自分の才能はどこにある?

20代のうちは、自分には才能がないと思ってしまいがちです。

なぜかというと、自分をすごい人たちと比べてしまうからです。

自分は英語がちょっと話せるけど、日常会話ぐらい。ちょっとは自慢できるかもしれないけど、たいしたことはない、という思考も同じです。

要するに、基本的に自分の才能なんてたいしたことはないから、それだけで食べていくことはできない、と思っているのです。

歌手にはなれない、野球選手にはなれない、アーティストにはなれない、サッカー選手にはなれない、コンサルタントにはなれない。だから、サラリーマンになるしかない、といった思考回路になってしまっているのです。

でもじつは、才能というのはそんな単純なものではなく、2種類あることをご存じでしょうか？

才能というのは、むき出しになっている才能と、温泉でいうとけっこう深く掘っていって初めて出てくる才能とがあるのです。

ですから、どこに才能があるのかを、温泉掘削《くっさく》のように、ボーリングをして掘り進めないといけないのです。

とはいうものの、才能というのがあってほしいと願いながらも、いや、ないかもしれないなぁという気持ちも、自然と出てきます。そういうとき、中途半端にあるよりも、才能なんてない！と考えたほうが楽になるのです。

だからこそ、20代の人が、才能に対して、最初から期待したくない、というスタンスを取る気持ちはよくわかります。

けれども、大好きなことをして本当に楽しい人生を送りたいのなら、自分の才能らしきものを探して、磨いていかなくてはいけません。

まずは原石を取り出すことです。それが才能の原型を調べるということです。

才能を磨くには

では、才能を探し、磨くためのボーリングの仕方をお教えしましょう。

まずは試し掘りをするのが、最初のステップです。人前で何かを話してみる。文章を書いてみる。ひょっとしたら才能があるのかな、と自分で思える分野なら何でもＯＫです。

最初はうまくいきません。泥水みたいなものしか出てきません。

でも、そのうちに本当の温泉が出てくる可能性もあるのです。そこまでにはちょっと時間がかかります。お金もかかります。たいていの人は、自費でボーリングをすることになりますが、企業に入れば、給料をもらいながらボーリングすることもできます。

ですから、とくに20代のうちは、自分の才能探し、つまり試《し》掘《くつ》にお金を払ってもらえるような会社に就職することも、ひとつの方法でしょう。

会社のお金でマーケティングの勉強ができるというのもいいと思います。会社が多額のお金を使って大々的におこなうキャンペーンの責任者やアシスタントにでもなれば、もうそれだけで十分すぎる試掘ができるでしょう。

才能がどれだけあるかを調べるためには、才能があるかどうかわからない分野で勝負をしていく必要があります。

すると、本当に才能があるのか、ないのかがはっきりしていきます。

自分はマーケッターとして才能がある、あるいはコンサルタントとして才能がある、料理の才能があるということになったら、それに磨きをかけなくてはなりません。

自分の才能レベルを知るには、リスクを冒さなくてはならないし、ハードルを上げていかなければならないのです。

才能のかけ算

才能の原型は必ずしもひとつというわけではありません。むしろ、どんな人にも必ず複数の原型があるものです。

私の場合、講演者、ビジネスマン、政治家、コメディアン、哲学者、ヒーラー、パフォーマーなどの原型の組み合わせをライフワークに使っています。これが「才能をかけ算する」ということです。

私の講演やセミナーにはたくさんの笑いがあり、泣きだしてしまう人もたくさんいます。ビジネスやお金がテーマの講演やセミナーで、参加者が腹をかかえて笑ったり、号泣したりするのは珍しいことではないでしょうか。

それは、私のなかにあるヒーラーやコメディアンの才能が、笑いや涙という癒しを引き起こしているためではないかと思います。

才能にはいろいろなかけ算の仕方があります。

人前で話す才能、エンターテイナーの才能、癒す才能があって初めて、ワン&オンリーの講演家になれるのです。

あるいは、料理の才能、エンターテイナーの才能、癒す才能があれば、行くだけで心も癒されるレストランができます。

コンサルタントの才能、ビジネスの才能がとてつもなくあれば、スティーブ・ジョブズみたいな人ができあがるわけです。彼は、ビジネスマンであり、マーケッターであり、アーティストであり、クリエーターでもあります。けっしてアーティストだけではないのです。かといってビジネスマンだけでもない。ビジネスアーティストなのです。だからこそ多くの人がジョブズにしびれるのです。

1つの才能よりもかけ算したほうが格好いいと思いませんか。多少弱い才能でもかけ合わせることで、その可能性は広がっていくのです。

7

人に
やってあげたい
ことを知る

30人の人がいる部屋に入ったら？

「もしもあなたが、30人の人がいる部屋に入ったら、何をしてあげたいですか？」

これは私が講演会で会場にいらっしゃったみなさんによく聞くことです。

ある講演会では、とてもユニークな答えがありました。

「全員に靴下を脱いでもらって、足裏を揉んであげたいです」

また、みなさんにホームページを作ってあげたいという人もいました。

ほかにも、その人たちの英語の発音を直してあげたいという人もいれば、30人の人全員にキャッチコピーをつけてあげたいという人もいました。

あるいは、その人たちに料理を振る舞いたいという人もいるかもしれません。映画を観せてあげたいという人もいるかもしれません。面白い話をしたいという人もいるでしょう。要するに、人それぞれで、いろんなパターンがあるわけです。

普通に考えたら、30人全員の足の裏を触るなんて、あまりワクワクしないと思いませんか？　それなのに「足裏を揉んであげたい」という人は、それが大好きなことなのです。

30人にしてあげたいと考えることは、自分が大好きなことなのです。

そういえば、「30人がいる部屋に入ったら、全員に耳つぼをマッサージしてあげたい」という人もいました。

変わった人だなと思ったら、その人は耳つぼマッサージの先生でした。大好きなことを仕事にしている方だったのです。

私なら、30人の人がいるとしたら、あなたのこれからの人生をこのようにすると楽しくなりますよ、とそれぞれに直感的なアドバイスをしてあげるでしょう。

そのために必要な具体的な10個のステップと気をつけなければいけないことを紙に書いてあげたいと思います

30人の人がいる部屋に入ったら、やってあげたいことは、人によってまったく違います。違って当たり前、違うことを気にする必要はまったくありません。

あなたが、やってあげたいと思うことは、あなたが楽しいと感じることなのです。それをどれだけ日常的にやっているかで、あなたの毎日の幸せ度も決まるほどです。

また、どれだけ自信を持ってそのことをできるかもイメージしてみてください。お金を払ってもらえるぐらい、みんなに感謝されるに違いないと感じるのか、迷惑でなかったらやらせてほしい、という感じなのかを見てください。

あなたが、きっと喜ばれるに違いないと感じるとしたら、その活動は、あなたのこれからの人生でもっとやったほうがいいことです。それをやるだけで楽しくなったり、仕事にできる可能性があることだといえるでしょう。

あなたは、30人に何をやってあげたいですか？

楽しくやってあげられることとは？

前項でもお話ししたように、30人の人に対してやってあげたいことは、どんなことでもかまいません。

たとえば、30人が集まっている会場をカラオケルームにして盛り上げたい人もいるでしょう。一緒にゲームをやりたいという人、馬鹿な話をして盛り上がりたい人もいれば、全員で料理を作りたいという人もいるでしょう。

そのやってあげたいことの〝中身〟はバラバラですが、ひとつだけ共通点があることにお気づきですか？

そう、ただ、やってあげられることではなく、「楽しくやってあげられること」であるということです。

これも、大好きなこと＝楽しいこと、の状況証拠のようなものでしょう。ですから、あなたが「30人の人にやってあげたいこと」を考えるときには、楽しくやってあげたいことは何なのか？　という条件で考えたほうがいいと思います。

ユニークな人はまだまだいます。

一人ひとりに過去のトラウマを語ってもらい、みんなで泣いてハグしたい、といったことをやりたいという人もいました。楽しくやってあげられるなら、これだってありなのです。いま、その人は、セラピストになることを考えています。

あと、全員を外に連れ出してマラソンをしたいという人もいました。されるほうは迷惑でしょうけど、運動が好きなのでしょうね。

30人で即興劇をしたい、みんなで巨大な絵を描きたいという人もいました。

みなさんユニークで面白いものばかりです。

あなたも、「30人の人にやってあげたいこと」を考えるときは、楽しくやってあげられることは何なのか、という視点で考えてみましょう。

人と一緒に楽しみたいことは、あなたが一生やっても飽きないライフワークなのです。

楽しませたいことは？

人をどう楽しませたいか？　これも、自分が大好きなことを見つけるのに役立ちます。

たとえば、仲のいい人のバースデー・パーティで、その人が会いたがっている人に会わせてサプライズを演出してあげたい。そんなことを考えている人は、ウエディングプランナー、テレビ局や番組制作会社のディレクターなどに向いているのではないでしょうか。

いまの社会には、いろんな仕事が存在しています。それは、かっちり仕事としてやるようなものから、遊びのようなものまであります。

人を喜ばせることが仕事になったとしたら、その人にとっては、もうそれは仕事ではなく、遊びのようなものになるでしょう。

「自分の好きなことをやればいい。そうすれば、あなたは一生労働から解放されるだろう」とは、ヘンリー・フォードの言葉ですが、まさしくそういう状態が、その人の人生に現れます。

また、別の角度から、見ていきましょう。

「お金をもらわなくても、人にやってあげたいこと」というのも、その人の才能です。それをやってあげる喜びがあるので、経済的な見返りがなくてもいいと感じるとしたら、そこには情熱があるはずです。

人によってはそれが、何かの相談にのってあげることかもしれません。恋愛、仕事、人間関係など、いろんな人から相談を持ちかけられる人は、恋愛セラピスト、コンサルタント、カウンセラー、コーチなどとして、成功する才能があることになります。

マッサージしてあげたいという人もいれば、英語が好きではない人に英語の勉強の仕方をアドバイスしてあげたいという人もいるかもしれません。それぞれに、将来のライフワークにつながる可能性があります。

8

親がやっていたことを思い出す

あなたにとって親の仕事とは？

大好きなことを考えるとき、あなたが生まれ育った家族について見ていくのは、とても大事なことです。なぜなら、親というのは、その人の才能や環境を整えてくれる人だからです。

お父さんが医者だった、料理人だった、サラリーマンだった、運転手だった……。じつはそのなかに才能の原型のようなものがあって、それがその人の人生に影響していることが少なからずあるのです。

たとえば、お父さんかお母さんが医療関係者の場合は、ヒーラーとしての才能を持っている場合があります。

お母さんが看護師だったら、家全体が、誰かのことを癒してあげたいとか、優しくしてあげようといったモードになっていたはずです。小さい頃からそういう家で暮らしていたら、影響を受けていても不思議ではありません。

お父さんやお母さんが教師の場合は、家全体に、なんとなく人に何かを教えたくなるような空気が漂っている場合があります。

お父さんやお母さんが公務員の場合は、家全体にルールを押しつけたくなるような空気が充満しているかもしれません。家族のノリみたいなものがそうなっているのです。

親の仕事から発生する家族のノリを受け継いだ人、反発した人、それぞれいるでしょうが、あなたもその影響を受けています。

それが何なのか。家族のなかに流れていたそのような楽しいノリ、イヤな空気みたいなものが、自分の大好きなことを探すヒントになります。

あなたの家にはどんなノリがあったのか。一度、思い出してみてください。

親が好きだったこと、得意だったことは？

親の若い頃のことをよく知っているという息子や娘はほとんどいません。

私もそうでした。

私の父親の13回忌で親戚が集まったとき、叔父から意外な話を聞かされてびっくりしたことがあります。

「お前のお父さんはすごい情熱家で、すぐ歌を歌って、ギターを弾いて……。ロマンチックなタイプだったなぁ」

私にとってはまさに青天の霹靂《へきれき》。あまりにもイメージが違ったので、「えっ⁉そんなタイプだったなんて！」と心の底から驚いたものです。

私の記憶に残っているのは、私が小学校時代の父の姿です。父はウツっぽくって、いつも落ち込んで黙り込んでいることが多かったように思います。

叔父は、父が商売の才能があって、人をそらさないカリスマ性があったこと、人気があったことなども教えてくれました。

あなたのお父さん、お母さんも、若い頃、登山が好きだった、音楽が趣味だった、あるいは絵が好きだった、といった過去があるはずです。そういったものが、あなたの才能に近かったりするのです。

お花が好きだった。アートが好きだった。ビジネスが好きだった。モノを売るのが得意だった。人に何か勧めるのが得意だった……、といったことがあなたの親にもあるはずです。そういった親から受け継いだ才能が自分にあることに気づく人もいるでしょう。

ですから、自分の親のことを調べていくのは興味深い作業となるはずです。とくに親戚のおじさん、おばさんなどに聞くと、親のびっくりするようなエピソードを知ることができるでしょう。

今度、お正月や法事などで親戚が集まるときには、そんな話をしてみるのもいいかもしれません。

親のかなわなかった夢は？

あなたは、自分の親がどんな夢を持っていたか、聞いたことはありますか？

医者になりたかった。弁護士になりたかった。学校の先生になりたかった。あるいは海外に行きたかった……。

親のかなえられなかった夢を小さな頃に聞いていて、いつの間にかそれを目指している子どもがいます。

たとえば、ずっと海外に行きたいと思っていたものの、親の介護でそれがかなわなかった女性は、自分の娘には若いうちにアメリカやヨーロッパに留学して、海外で過ごしてほしいと願ったりするものなのです。

「なんで私は海外に憧れているのだろう？」と不思議に思い、さかのぼって調べてみると、自分の小さい頃に、お母さんがずっと、「あなたは海外に行きなさい」と言い続けていたからだとわかることがあります。

子どもの心のなかには、本人も気づいていませんが、親のかなわなかった夢をかなえたいという気持ちがあるものなのです。

たとえば、親が在日韓国人として差別を受け、さんざん苦労してきたのを見ている孫正義さんは、そのぶんお金持ちになりたいというエネルギーが強いのだと思います。なにしろ親子二代ぶんのエネルギーですから。

これが親子三代ともなると、溜まったエネルギーや怨念《おんねん》みたいなものは半端ではありません。それが反転してお金を稼ぎたいとか人に何かを与えたいなどという気持ちが強く出て、成功をおさめている人も少なくありません。

あるいは、お父さん、お母さんが早く亡くなったという人もいるでしょう。この場合は、親の運を子どもに渡してくれています。

我が家は、その典型といっていいでしょう。祖父は早く亡くなり、父もあまり幸せとはいえない人生を送りました。母も比較的若くして亡くなりました。祖父の前の代もあまり幸せではなかったみたいです。

ですから、父のマイナスと祖父のマイナスとそれ以前のマイナス……。親子三代の不幸の怨念みたいなものが、私の幸せとか豊かさに対する飽くなき探求心を生んでいるといえます。

子ども時代からずっと聞いていたこととか、感じていたものというのは、体に入っているものです。退屈な家に育ったからこそ、すごくエキサイティングな人生を生きる人になっていたりするものなのです。

だから、たとえあなたが平凡な人生を生きたとしても、それはそれで子どもの代になって役に立つでしょう。自分がたいした人生を生きていない場合は、子どもにそれを先送りして運をあげているともいえます。

親のかなわなかった夢が、あなたの大好きなことにいつのまにか引き継がれているのは不思議でも何でもないのです。

親と向き合うことが、あなたの人生をさらなる高みに運んでいくでしょう。

9

祖父母、親戚が
やっていることを
見てみる

祖父母の人生を振り返る

親に対して反発する人が、少なからずいます。親が医者だから、自分は絶対に医者にはならないというパターンです。親が公務員だから俺は実業家になりたい、というのも同じです。

このように親に反発してる人の場合は、親を見ても、自分の大好きなことはわかりません。

そんなときは祖父母を見てみましょう。「隔世《かくせい》遺伝」という言葉があるように、祖父母が実業家で、その子どもは役所勤めなど堅実な仕事、その地味な親から、今度はやんちゃな子が生まれたりするわけです。

ですから、祖父母の人生を振り返ると、じつはけっこう面白いことがわかってきたりするのです。

パワフルな祖父母に育てられた両親は概して、反発して地味な生活をしているものです。

「僕の父親は大企業でぬくぬくと40年過ごしました。僕はそんなのまっぴらです」という人のおじいさんのことを調べてみると、戦前に満州で大活躍した人だった、といったことがありました。

それがわかると、「僕も祖父みたいな冒険する人生を送りたい」などと言い出す人もいるし、祖父母の仕事から、自分の大好きなことのヒントが見つかることもあります。

親の仕事がつまらなく見えるからといって、祖父母の仕事にまで関心を持たないのは得策ではありません。

祖父母の仕事が、思わぬ形で明らかになることもあります。

ある人の場合は、父親の愚痴からそれが明らかになりました。

ある日、その人の父親は、苦々しい表情でブツブツ言いながら、家でお酒を飲んでいたそうです。

「お前な、ベンチャーは大変だぞ……。変な夢は見るもんじゃない」

ベンチャー企業には無縁な父親が何を言い出すのだろうと聞いていると、「じつは俺が小さい頃、お前のおじいちゃんが、やってくれてな……」と続けます。

どうやら祖父は、いまでいうベンチャーの走りのような仕事をやって、一時的には成功したものの、大失敗して破産したことがわかったのです。

その人は、父親の愚痴から祖父の仕事が初めて明らかになって、自分の人生の選択肢も広がったような気がすると言っていました。

祖父母の仕事を知ることで、新たに見えてくるものもあるのです。どうせなら、祖父母がどういう仕事をしていたのかに加えて、収入をどう得ていたのか、どんな社会的地位だったのか、といったことも調べてみると、より面白いでしょう。

また、そんな祖父母に育てられた自分の親の人生観の成り立ちも、はっきりとわかってくるかもしれません。

親戚の職業、生き方は？

今度は、あなたの親戚を見ていきましょう。親戚の人たちの才能が、どこにあったのか、どこになかったのかも知っておくと思わぬ発見があります。

親戚全員が、じつは医療関係者だったり、人に教える仕事をしていたりします。あるいはアート関係の仕事をしていたり、体を動かす仕事をしていたり、職人だったりします。

それが自分につながっているか、見てみましょう。

たとえば、母方の親戚は、ほとんどが教員で、父方はほとんどが医者といったケースが少なからずあります。母方が公務員で、父方が実業家という場合もあります。

果たして自分にはどちらのノリが色濃く出ているのか、調べてみると面白いでしょう。これは、簡単に判別することができます。

もし、母方の親戚の家に行くとすごくしっくりくるけれど、父方の親戚の家に行くと居場所がない感じがするというのなら、当然、あなたには母方の親戚のノリが色濃く出ているのです。

親戚に大学の先生ばかりがいるような場合、彼らと一緒にいると、やはり自分もアカデミックのほうがいいなと思うかもしれません。これも、生き方のノリを大切にするということです。

あなたが人生で大切な決断をするとき、親戚、祖父母、親との間に起きた軋轢《あつれき》が邪魔をすることがあります。

親や親戚がやっていたから、それを選ぶ、反発するというのではなく、自分にとって大切だからという理由で、選択していただきたいものです。

モチベーションは必要なのか

さきほど触れたように、親に反発するということで頑張っても、たいして長続きするものではありません。なぜかといえば、反発心というのは持続するエネルギーではないからです。

逆にいうと、人生を幸せに生きるためにいちばん大事なのは、自然と湧いて出てくるエネルギーなのです。

エネルギーには、何もしなくても出てくる内部のエネルギーと、何かしないと出てこない外部のエネルギーがあるのです。

「モチベーション」という言葉をよく耳にするでしょう。

「このモチベーションを引き出したい」などと言いますが、モチベーションが必要なことはするな、というのが私の持論です。

モチベーションが必要であるということは、外部のエネルギーが必要であるということです。そのぶん、無理しているのです。自然ではなく、人工的な動機づけは、いってみれば、精神的なドーピングのようなものです。

「儲《もう》かるから」

「人に認められたいから」

「給料がいいから」

「将来出世できそうだから」

就職を決めたり、起業する際に、このようなモチベーションを口にする人がいます。

これらはみな、外部のエネルギーです。人はこのようなエネルギーでは長い間は動けません。

本当に長く動こうと思ったら、自分のなかから出てくるものでないとダメなのです。やはり、「大好きなこと」という自然のホルモンがいちばんです。注射でドーピングみたいなことをしても長続きしないのです。

たしかに、最初のうちは、外部のエネルギーがあってもいいかもしれません。現状から抜け出すためには、一時的に噴出するような反発心もいいでしょう。

でも、外部のエネルギーで動いていると、途中でエネルギーが切れてしまうのです。ずっと自分に注射を打ち続けることはできるかもしれませんが、そうすると、心に穴が空いて、体もボロボロになっていってしまうのです。

反発心にしろ、復讐《ふくしゅう》心にしろ、モチベーションにしろ、外部のエネルギーで動くのは、とてもしんどいし、周りの人も苦しくなるでしょう。

一方、インスピレーションベースで生きている人たちは、そうではありません。

それは、その人の深いところから出てくるので、尽きることはありません。それをすることが楽しい、ワクワクする、喜ばれてうれしいといった状態が、インスピレーションからエネルギーを得ている状態です。

そういう人の周辺にいるだけで癒されるはずです。

もし、一生持続するようなエネルギーを得たければ、自然と情熱が湧いてくるようなことをやってください。

10

3億円あったら、やりたいことは？

お金の制限がなかったら？

多くの人がお金の制限を感じながら生きています。

たとえば、「1カ月くらい海外に行ってみたいな」と思っても、「でも、いくらかかるのだろう……？」と心配になってしまい、なかなか実現できません。

あるいは「何か新しいことを勉強したいので大学院に戻りたい。でも、2年間の生活費がどれくらいかかるかというと……」と考えて躊躇《ちゅうちょ》してしまう。

自分のアトリエを持ちたい。自分の音楽スタジオを持ちたい。自分の書斎を持ちたい。このようなことを考えても、お金のことを考えると、なかなか実際にやることは、難しいのではないでしょうか。

お小遣いを超えた金額のことは最初から考えないという人もいるでしょう。

つまり、お金の制限が、大好きなことを抑えていることがあるのです。

そんななか、「3億円あったら、やりたいことは?」と聞かれると、お金の制限から解き放たれるのではないでしょうか。

たとえば、自分が大好きな本をズラッと並べる書斎がほしいという人もいるでしょう。海外旅行に行きたいという人や、広い庭がほしいという人もいるかもしれません。

男性なら、車を何台も持ちたいし、車などをいじるワークルームやガレージがほしいという人もいるはずです。女性なら、洋服をいっぱい持ちたいという人や、ウォークインクローゼットがほしいという人もいるでしょう。

要は、どういうものをほしいと思うかです。

たとえば、パソコンをずっといじっていられる書斎がほしいと答えた人は、やはりそういうことが大好きなのでしょう。

一度、お金という制限を取り払ってみると、自分の本当に大好きなことが見えてくると思います。

自由に生きると、大好きが連鎖する

予算のことなどはあまり気にせずに、ある程度自由に自分のやりたいことを書き出してみてください。不思議なことに、書き出すと、そこからアイデアが出てくるのです。

私自身、このワークをセミリタイアしていた頃にやってみました。

当時はビジネスをやるつもりも、作家になるつもりもありませんでしたが、自分個人の書斎がほしいという思いがあり、近所に一軒家を借りました。

経済的には家賃を払う余裕はありましたが、ある程度まとまったお金をたいした意味もなく、自分の趣味のためだけに使っていいのだろうかという葛藤《かっとう》のようなものもありました。

結局、半年ほど悩んだ末に一軒家を借りて、倉庫に預けておいた本を取り戻し、壁一面にズラリと並べました。

当時は、なぜそんなことがやりたいのかわかりませんでした。でも、それをやり始めたら、いろいろアイデアが出てきて、最終的にたどり着いたのが小冊子と、「お金の通信コース」だったのです。

それが発展して、本を書くようになり、オンラインでさまざまなコースを提供するというライフワークにつながっていったのです。

似たような話は、いろんな人から聞いています。自分のビジネスを立ち上げる、1カ月旅行に行ってみる。とにかく面白そうだなと感じることに飛び込んでいくと、そのなかでいまの仕事のネタを拾ってくる人もいるのです。

自由に何かをやり始めると、また、別のことがやりたくなる。そうやって、大好きなことが連鎖していくのです。

お金はあとからついてくる

成功している人が口をそろえて言うのが、最初に自分のビジネスをスタートさせたときは本当にお金がなかった、ということです。

実際に、サラリーマンから起業したとすれば、最初に用意できるお金なんてしれたものです。それが、ビジネスが拡大していくにつれて、お金がまわっていくようになり、人も増えていくようになります。

なので、自分の好きなことをやりたいと考えたとき、最初にお金のことは考えないほうがいいのです。3億円あったらやろうと思うことは、といった感じでスケールを大きく考えないと、普段の制限ははずれないでしょう。

あなたが大好きなことを追いかけてみたいと思ったとき、最初に障害になるのが、たぶんお金ではないでしょうか。十分なお金がないから、起業できない、留学できない、自分のお店が持てないと考えてしまいがちです。

また、語学学校に行きたいけど、お金がない、なので、留学は無理だという思考回路で、人生の可能性を自ら狭めています。

けれども、お金がないからそういったことができないのでしょうか？

お金は、あなたが何かをやり始めたあとについてくるものなのです。

あなたがいま見えていないだけで、あなたにお金を出してくれる人はたくさんいます。それは、パーティで知り合って、あなたの未来に投資したいという人だったり、未来のお客さんだったりするでしょう。

あるいは、実際に、自分で稼ぎながら必要なお金を作っていくことになるのかもしれません。いずれにしろ、いまそのお金がなくても、慌てる必要は何もないのです。

ワクワクして前に進むことです。好奇心で動いているうちに、応援、チャンス、お金がやってきます。

11

3年しか
寿命がなかったら、
やりたいことは?

時間に制限があったら？

あなたは、残された寿命が３年しかないとわかったら、何をやりますか？
「残された寿命」を設定するとき、「１週間しかなかったとしたら」ということをよく聞きます。でも、１週間しかなかったら、不摂生して飲みまくるといった刹那《せつな》的なことになりかねないので、３年ぐらいあったほうがいいと思います。

１週間だと自暴自棄な生活をする人もいるかもしれませんが、３年あれば、本当にやりたかったことをやると思うのです。

映画を作りたいという人もいるでしょう。本を書きたい人も、ＣＤを作りたい人もいるでしょう。世界中を回ってみたいという人もいるはずです。

３年あったら何をやりたいか？　この観点で考えてみると、刹那的ではない本当にやりたいことが見えてきます。

3年あれば、ゼロから何かを学んでみる時間もあります。ずっとやりたかった楽器に取り組んだり、何かを研究したり、ビジネスをスタートさせることだってできます。自分のお店を持ちたかった人は、それをやる時間もたっぷりあります。

3年あれば、たいていのことは、可能です。世界一周でも、映画を撮るのでも、建物を建てることだってできます。

要は、あなたが3年もかけてやりたいことが見つかるかどうかです。もし、直感的に「○○をやりたい!」ということが意識に上ってきたら、しめたものです。それが、まさしくあなたのやりたかったこと、ライフワークである可能性があります。

そういう視点から、3年をどう使うのか、自由に考えてみましょう。

自分の人生の有限性を実感すると、忘れていた大切なことが見えてきます。

リスクを冒すと、人生が面白くなる

大好きなことをやるのか、大好きなことをやらないのか。

大好きなことをやらないと、安定はあるけど人生はつまらなくなります。大好きなことをやると、人生は面白くなる代わりに安定がなくなります。

では、どちらがいいのでしょうか？

安全に生きようとすると、自分の大事な部分が死んでいきます。ですから、ギリギリいけるところまでリスクを冒すのもいいのではないでしょうか。

では、リスクの許容範囲はどのあたりにあるのでしょうか。

たとえば、働くのを週5日から週4日にして、1日は完全にライフワークにあてる生き方があります。そのぶん収入は下がるかもしれませんが、そこから得られるエネルギーで、もっと仕事ができるようになるかもしれません。

私がスタッフを雇うとき、最初に週何日働きたいのかを聞きます。週4日働いても、週3日でもかまわないという話をしています。実際、週3日しか来ない人もいます。私は、それぞれの働き方があっていいと思っています。

いずれにしても、リスクを冒したほうが楽しくなってきます。

リスクを冒すほど、あなたは本気になります。やるしかないと思ったら、いろんなアイデアも湧いてきます。

同じ作業をするにしても、従業員としてやっていると、やらされ感があると思いますが、それが自分のライフワークだったら、やっているだけで楽しくて仕方がないという心境になるでしょう。

これからは、いろんな働き方をする人が増えると思いますが、こういうことを念頭において大切なことを決めてください。

ある意味では、健全なリスクテイカーにならないと、ワクワクする生き方はできないということを知っておくのもいいでしょう。

自分に残された3年を戦略的に考えてみる

もし、あなたに本当に残された寿命が3年しかなかったとしたら、真剣にどうやって過ごすかを考えると思います。3分割するとして、それぞれの1年で何をするのか、後悔のないようにするには、何ができるのか、一生懸命考えるでしょう。

自分が棺桶《かんおけ》に入っているところを想像してみてください。そして、何を心から後悔するかを考えてみるのです。

料理人になりたかった、旅行をしたかった、絵を本格的に習いたかった、歌手になりたかった、自分のお店を持ちたかったという気持ちが、あふれてくるかもしれません。

あるいは、誰かに好きだということを告白しなかったことを後悔するかもしれません。

そういうことをひとつずつ考えていって、後悔しない人生を作り出せばいいのです。それによって、充実した毎日が送れるようになります。

本当に3年しかなかったとしたら何をするのか、真剣に向き合ってみてください。それが、見えてきたら、実際にどういうことができそうかも考えてみましょう。

いま、どこかに勤めているとしたら、いきなりレストランに転職するのは勇気がいるでしょう。でも、友人がやっているレストランで、週末や夜の数時間だけ手伝わせてもらうことはできるはずです。

絵を描きたい、本を書きたいということであれば、もっとハードルは低いでしょう。毎日、少しずつやってみるのです。

そこから、いろんなエネルギーが動いていきます。

いったんはずみがつくと、途中からは止まるのが難しいほど面白くなってきます。最初の一歩が大切なのです。

12

大好きなことに対しての不安を解消する

なぜ、人は好きなことをやらないのか

大好きなことの周辺には、ブレーキをかける感情が渦巻いています。

なぜなのでしょうか？

パートナーシップを例にして考えてみましょう。

とくに小学校時代に感じたかもしれませんが、好きな人の周辺に行くと心が波立ちます。その子の近くに行っただけで、ドキドキしたり、「嫌われているんじゃないか」などと思ったことはありませんでしたか？

何とも思わない子が隣に座っても何も感じないのに、好きな子の近くに行くと、心が波立ち、さまざまな感情が渦巻いてしまう……。要するに自意識過剰な状態になってしまうわけです。

大好きなことを目の前にすると、心に同じようなことが起こるのです。

大好きなこと――それは野球だったり、文章を書くことだったり、ビジネスだったり、料理だったり、アート、政治、教育だったりいろいろでしょうが――を前にした瞬間に、急に怖くなってしまうのです。

私の知り合いのキャリアウーマンの話です。彼女はもともと美大志望でしたが、結局美大には行かず、ほかの大学に行ってキャリアウーマンの道を選びました。

しかし、彼女には美大への憧れがずっとあったようで、高校時代に使っていたイーゼル（画架《がか》）を捨てることができず、クローゼットにしまったままにしておいたそうです。

彼女はある日、そのイーゼルを十数年ぶりに引っ張り出してみました。

すると、なつかしい思いが押し寄せる前に、すごくイヤな気分になってしまい、またクローゼットに戻してしまったそうです。

描くことからは遠ざかっている彼女ですが、絵が嫌いになってしまったわけではありません。

それなのに彼女は、どうしてイヤな気分になってしまったのでしょうか？

それは、大好きなことには、ハートブレークがたくさん詰まっているからです。高校時代に才能がないと思ってあきらめた。あるいは、もっと才能あふれる人に出会って、自分なんかお呼びじゃないと思った……。

このような感情が、イーゼルを見るだけでよみがえってしまうので、当時使っていたものなどはあまり見たくないのです。

歌がうまくない人でも気軽にカラオケに行く時代ですが、歌手になる夢を断念した人は、マイクは握りたがらないものです。あなたの周りのカラオケ嫌いな人にも、ひょっとしたらそんなハートブレークがあるかもしれません。

ケガでプロ入りをあきらめたかつての高校球児は、草野球の大会に駆り出されるのをイヤがるかもしれません。

人には、このように一度封印してしまったものがけっこうあります。大好きなことをまた始めるには、これを解かなくてはなりません。その際、苦々しさもいっぱい出てくることを知っておいてください。

大好きなことは、不安を生み出すようになっている

多くの人が大好きなことにまっすぐ向かっていきません。

素直でないからでしょうか？　勇気がないからでしょうか？　そうではありません。

なぜかというと、始めたらはまってしまうと思っているからです。

絵を描き始めたら止まらないと思っているのです。歌い始めたら感情が入りすぎて自分が自分でなくなると思っているからです。

ゲーム、推理小説……大好きなことなら、何でも同様です。始めたら、もう会社にも行けなくなってしまうと思っているから、ブレーキをかけているのです。

要するに、多くの人は好きなことにはまらないように、気をつけているのです。

物語を作ることが好きな作家志望の人でも、変な夢を持ったら砕けるだけだから、本当に好きなところにはいかないで、二番手のこと、三番手のことで勝負している人もいます。

パートナーシップでもそれは同様です。結婚したら、魅力的な異性の周りには行かないようにしているのではないでしょうか。

なぜかというと、好きになられるというよりは、自分がその人のことを好きになってしまったらどうしようと思っているからです。だから脅威《きょうい》になりそうなところには近づかないのです。

ライフワークも同様で、過大なエネルギーで歌手になりたいと思い詰めるから、歌手になれなかったら死んでしまう……といった発想になってしまうのです。

歌手になれなくても、別の道が開けたりするのが人生ですが、若いうちは、とてもそんなことを考える余裕はありません。

でも、かなわないなら夢を見ないという状態から、抜け出してみましょう。

ハートがドキドキしたら、とにかく飛び込むことです。何もしなければ、何もスタートしません。

何が不安、心配で、好きなことをやらないのか

大好きなことの周辺には、「不安」や「心配」も渦巻いています。

では、不安の本質は何でしょうか？

不安は、漠然としたネガティブな感情です。不安があることで、警戒したり、不用意な行動を抑止したりすることができます。ある意味では、人間の生存本能に根ざした大切なものだともいえます。

また、心配は、未来のまだ起きていないネガティブなことをイメージしたことによって引き起こされる感情です。実際には起きていないのに、あたかももうそれが起きてしまったかのようなストレスを受けます。

たとえば、お金の不安を感じているときは、漠然とお金のことで困りそうな予感がしています。けれど具体的にどうして困るかまでは想定できていません。

一方、お金の心配をしているときには、月末の支払いができるかとか、将来生活が成り立たなくなるといった具体的なイメージがはっきりしています。

どちらも、未来の起きるかもしれないひとつの可能性に対して、恐れることから出てくる感情です。

なぜ、そういう感情が起きるのかをもう少し見ていきましょう。

不安というのは、安全のための緩衝材《かんしょうざい》のようなものです。

不安はふわふわしたマシュマロのようなもので、不安があればコケても痛くありません。漠然とした不安があれば、前に進まなくてすみます。

心配が出てきたとき、じつは、ネガティブな未来を固定化して見ていて、それ以外の可能性が見られなくなります。実際には、そこまで悪いことはなかなか起きないものですが、リアルに感じてしまうのが、心配の困ったところです。

何も考えていなければ愕然《がくぜん》とするようなことも、もっと悪いことを想定していた場合、そうならなければ、ちょっと得した気分になります。そう考えていくと、心配という保険をかけることによって、最悪なことが起きたとき、そこまで痛さを感じなくてすむという効果があることがわかります。

ただ、心配の保険料が高すぎるのではないか、と私は考えています。失敗したら1万円払わなくてはいけないとしましょう。それなのに保険料が2万円もかかっているのです。

いま、いっぱい心配して、それでいてダメだったときにまたひどい目に遭うのなら、いまはまったく心配しないで、どんどん進むこともできます。だから実際に、ひどい目に遭ったとき、そこで1万円払ったほうがいいのではないか、ということです。

保険料のかけすぎというのが、人生が止まってしまう理由なのです。

多くの人たちは、失敗するのがイヤだから、大好きなことをやって結果が出ない、あるいは才能がないことがわかってしまったらイヤだから、できるだけ大好きなところに近づかないようにしているのです。

好きなぶんだけ不安になっているのです。「この人は、私のことを好きになってくれるのだろうか……」「このライフワークは、自分のことを認めてくれるのだろうか……」といった不安を抱えているのです。

そして、「歌手なんて、100万人にひとりしかなれないんだから、どうせ無理に決まっている」などと考えてしまうのです。

あなたが好きなことをやらないのは、不安や心配があるからでしょうか？

ではいったい、どういうことが心配で好きなことをやらないのでしょう。

それで生活が成り立たないということを心配しているのか。

やって失敗することがイヤなのか。

人に失敗した姿を見られるのがイヤなのか。

いろいろ考えられますが、自分が何を心配しているのか、一度、具体的に書き出してみましょう。

不安や心配は、具体的に煎《せん》じ詰めていくと、説得力を失います。

不安、心配の原因を明確にしてみると、じつは、現実的にはなかなか起きそうにもないことだったりします。

そして、万が一起きたとしても、それに対してあらかじめ対策を講じていれば、いくらでもそこからやり直すことはできます。

失敗しても、立ち上がることだけを決めておけば、あとは、ある意味ではでたとこ勝負でもなんとかなるものです。

自分の大好きなことを会社のなかでやりたいと思ったとき、そんな部署にまわしてもらえるかなと不安になるでしょう。あるいは、独立しようと思ったとき、うまくビジネスなんてできるかなと心配になるでしょう。

でも、最悪、別の部署に行けなくても、ビジネスがうまく立ち上がらなくても、死ぬことはありません。また、次のチャンスをつかめばいいだけのことです。

不安や心配で人生を止めないようにしましょう。少なくとも、知らないうちにかかっている思考の制限をはずすことを意識すると、見える世界が変わってきます。

怖れ、不安のエネルギーを
ワクワクに変えるには

一見、水と油のように相容れない2つが、じつは親戚のように近しいということがあります。恐れとワクワクという2つも、それに当たるかもしれません。

感情は、一種のエネルギーですが、恐れのエネルギーというのは、ワクワクのエネルギーと似ているのです。

恐れ、不安のエネルギーというのは、突き詰めると「これができなかったらどうしよう……」というエネルギーです。

じつはこのエネルギーを反転させると、「でも、もしできちゃったら、すごくワクワクする!!」というエネルギーに瞬時に変わるのです。

その証拠に、ジェットコースターで上っていくときには、「きゃー、止めて！怖い！」と感じると思いますが、30秒後、落ちていくときには、みんな興奮します。その落差がたまらなくて、何度も乗る人がいるわけです。

このメカニズムは、大好きなことにもそのまま当てはまります。

たとえば、作家になりたいのに、なれなかったらどうしよう、という不安があるとしましょう。

でも、この不安は、その先で「でも、売れちゃったらどうしよう」というワクワクとつながっていたりするのです。

ですから、不安にさいなまれているときは、その不安を打ち消そうとするのではなく、そのちょっと先を考えてみればいいのです。

「ベストセラー作家になったら、めちゃくちゃ楽しそう‼」とイメージしてみましょう。興奮とワクワクで、ドキドキしてくるはずです。

恋愛でも同じようなことがいえます。

好きな人に告白する前に、「彼に嫌われたらどうしよう……。でも、ひょっとしたら彼は私のことをすごく好きになってくれるかもしれない」という気持ちが錯綜《さくそう》します。

仕事のプロジェクトに対しても、同じ感情が出てきます。

「このプロジェクトがうまくいかなかったらどうしよう。でも、うまくいったら、自分はどうなっちゃうのかなぁ。怖い！」

ここにとても大きな人生の岐路《きろ》があるのです。

不安を感じたら、ひっくり返せばいいのです。練習を続けていくうちに、すべての不安をワクワクに変えることができるようになります。

不安を感じたら、その裏に、ワクワクがあるかどうかチェックしてみましょう。

このように不安をワクワクに変える技術さえ身につけられれば、すべてのエネルギーを上手に使えるようになります。

13

幸せなメンターに出会う

大好きなことをやっている人をメンターにする

自分が大好きなことを発見して、その分野で勝負していくためには、すでに大好きなことをして成功している人をメンターにすることです。メンターとは、人生を導いてくれる恩師という意味です。

私が初めてそういうメンターに出会ったのは17歳のときでした。そのとき、メンターの重要性がわかったので、それから、本格的にメンターを探し始めました。そして、ついに20歳のとき、寝食を共にするメンターと出会うことができたのです。

その人はミュージシャンでした。特別に有名人でもないし、大金持ちではありませんが、本当に好きなことをやっていて、楽しそうな生き方をしていました。全国にファンがいて、みんなが大喜びしてくれる。アルバムが何十万枚と売れたわけではないけれど、人の心に響く、とてもすばらしいコンサートをするのです。

私はその人の通訳をやり、翻訳のお手伝いをしていました。好きなことをやっている幸せ感をごく身近で感じさせてもらえたのは、とてもラッキーでした。

幸せなメンターと会っていると、自分もあんな感じで人に喜んでもらえることをやりたい、楽しいことをやりたいという感覚になるのではないかと思います。

その後、私はいろんなメンターに出会ってきましたが、その時々で、いい影響をたくさんもらいました。

大好きなことをやっていながらも、自然体で生きている人たちと出会うと、やはり人生観が変わります。

そういう人たちと出会うたびに、「自分にとって好きなことってなんだろう？」と考えるようになりました。そして、同時に、何をやりたいかはわからなくても、好きなことをやって生きていきたいと、強く考えるようになりました。

「憧れる人」は、あなたに前へ進むエネルギーを与えてくれます。

大好きなことをお金に換える方法を学ぶ

「好きなことをやって、どう食べていくのか」といったことも、メンターから学べることのひとつです。

大好きなことを形にしていくのは、ひとつの技術です。プロの世界では「技術は盗め」と言われています。ですから、大好きなことを仕事にして、成功しているメンターから、その技を学びとるのはとても大事なことなのです。

人前で話すのが好きだという才能も、どう形にするのかでぜんぜん違ってきます。たとえば、結婚式の司会者という道もあるし、セミナー講師という生き方だってあるでしょう。同じ才能を使って、何通りもの仕事を考える癖をつけておくことです。

ピアノが大好きだといっても、コンサートをやったり、ＣＤを作ることで生活が成り立つのは、ほんの一握りの人たちです。

でも、演奏という形にこだわるから難しいわけで、いろんな形を考えてみればいいのです。

たとえばピアノの先生になるというのは「ものを教える形」です。ここでは月謝をもらうというビジネスモデルを取っているわけです。

どんな分野でも、大好きなことをやって生活することはできます。でも、その方法を知らなければ、「やっぱり生活するのは難しい」と考えて、ぜんぜん好きでもない仕事をやることになってしまいます。

メンターから、どうやって自分の才能をお金に換えてきたのか、その歴史を聞くだけでも、勇気をもらえるのではないでしょうか。

毎日大好きなことができたとしても、お金をもらわなければ、趣味の世界の住人にすぎません。

そうすると、いつまで経っても、とことんそれにはまることができないのです。

プロの厳しさを学ぶ

ある時点で、大好きなことを趣味からプロの仕事に変える、決断の瞬間が来るはずです。

それは歌なのか、文章なのか、料理なのか、教育なのか。いずれにしても、ボランティアからプロになるためには、一線を越えないといけません。

それはどういうことなのでしょう？

人が喜んでお金を払ってくれる存在になれるかどうかということです。

料理でいうなら、単に「おいしいね」という言葉がもらえるだけのものなのか、「これだったら１０００円払ってもいいわ」と思ってもらえるものなのか。この違いです。

プロになるためには、それぞれの手順があると思います。

喫茶店のバイト程度の料理なら2〜3週間あればできるようになるかもしれませんが、ちゃんとした料理人になろうとしたら最低でも数年はかかります。医者、教育者、ビジネスマンを目指すとしても、始めてすぐにうまくいくというものではありません。

その分野である程度の活躍をするためには、最低限の時間とエネルギーとお金の投資が必要なのです。

たとえば、イラストレーターでやっていこうと思ったら、才能は最低限必要だとして、プラス専門学校に通ったり、画像ソフトの使い方を学んだりする必要があります。それだけで数年はかかるでしょう。

また、実践で使える人材になるには、現場でいろんな体験をしていく必要があります。この実務の知識は、先輩やメンターに教えてもらうことになります。プロになる過程で、たくさんの失敗を重ねながら、職場で学んでいくといいでしょう。

なぜ職場で学ぶといいかというと、すごく能率がいいからです。学校に行ってもダラダラとしか学べませんが、それが仕事だったら即プロってことですから。

いくらアシスタントだとしても、間違いは許されなくなります。

外科医のインターンでも、手術スタッフの一員になれば、プロとしてベストのタイミングでメスを渡さなければなりません。

私の経験では、オン・ザ・ジョブ・トレーニングがいちばん学べると思います。それも三流のメンターではなくて一流のメンターがつくと、その分野で成功しやすくなるでしょう。名店のシェフというのは、だいたいどこかの名店で修業しているものです。

同じように、実業家でも成功する人は、若い頃、成功した実業家に弟子入りしています。そして、「成功するノリ」は、受け継がれていきます。興味深いことに、この伝統は、芸能、スポーツ、アート、政治、教育などの世界でも、同じように受け継がれています。

なので、もし、ある分野で結果を出したかったら、ふさわしいメンターに弟子入りすることです。

どこまで妥協してもいいのか

これからのあなたの人生は、どれだけ自分の理想を求めていくのかによって決まってきます。

本当に大好きな人と一緒にいる。自分の理想の家に住む。大好きなインテリアをそろえる。本当にやりたい仕事をする。自由に時間を使える。

そういう人生を実現している人は、稀《まれ》です。

別の角度から考えると、どこまで妥協してもいいのでしょうか。あなたは、どれくらいまで妥協できるか、考えてみてください。

たいして好きでもないけど、なんとなく条件がよかったから結婚する。生活のために嫌いな仕事をする。好きでもない家に住む。お金と時間に不自由していても我慢する。こうやって改めて挙げると吐きそうな気分がするかもしれませんが、多くの人は、だいたいそんな感じで生きています。

あなたがどの分野で、どこまで妥協するのか、あるいはいっさい妥協はしたくないのかで、今後の人生が変わってきます。

多くの人は、自分のイヤなことははっきりわかっています。けれども、それを変えるために、行動を起こすことはあまりしません。

それが生死に関わるなら、行動するのでしょうが、たいていの場合、「そこまでイヤじゃない」「自分は恵まれているほうだ」という言い訳をして誤魔化してしまいます。

そうやって選んだ仕事、パートナーシップ、人間関係が破綻《はたん》して、ようやく、あんな選択をするのではなかったと後悔するのです。

メンターからは、妥協をしない生き方を感じることができます。途中で妥協しなかったので、成功できたのです。

あなたも、これから大好きなことをどこまで追求するのか、いますぐでなくても、人生のどこかで決めなければなりません。

ライフワークを生きる

これまで、ライフワークという言葉が何度か出てきましたが、ここでもう少し説明をしたいと思います。

私は、これまで出会ってきた自由に生きている人たちとのつきあいのなかで、ライフワークという考え方に出会いました。

ライフワークとは、自分の人生の表現ともいえるもので、必ずしも仕事というわけではありません。家族を幸せにすること、環境をよくすること、近所の通りをきれいにすることでもいいのです。その人が人生に意義を感じること、それをやるだけでワクワクすること、情熱的になることがライフワークです。

自分のライフワークを見つけると、ぜんぜん人生が変わってきます。

それまで、なんとなく生きていたのが、朝起きたときから情熱的になります。

何をやるときも、楽しくやれるようになります。それは、やや大げさにいうと、生きる意味を見つけたからです。

私もライフワークを見つけたあとは、小さなことにも感謝できたり、心の平安を感じられるようになりました。

ライフワークには、いろんな形があります。絵を描くのがライフワークだという人は、キャンバスに油絵を描かなくても、ちょっとしたデザインをしたり、落書きをしたりするだけでも、楽しめるようになります。

その才能を使うだけで、幸せになれるのが、ライフワークの不思議です。ライフワークを突き詰めていくと、才能が開花していきます。それができるかどうかは、とことん、その分野にはまっていけるかどうかです。

たとえば寿司職人になるとしたら、100円寿司をやるにしても、一定数の人たちから「おいしい！」と評価されなくてはなりません。だから、適当にやるというわけにはいかないのです。

たいした修業もせずにお店を開業した人は、何年経ってもおいしい料理を出すことができません。誰も教えてくれないからです。そもそもお客さんが少ないのも、味が悪いせいだとは思っていません。

ですから、味をよくすることよりも、コストを削減して、値段を安くすることを考えます。そもそも何が問題なのかがわかっていないし、自分で修正したり、成長したりする回路がないのです。メンターがいない悲しさといってもいいでしょう。このようなお店が長続きするわけがありません。

現在の仕事をライフワークにまで昇華させるためには、自分の才能らしきものを総動員することです。中途半端だと、すぐに生活できるかできないか、というところに追い込まれてしまいます。

逆に、メンターのアドバイスも受け入れ、とことんそれを追いかけると、お客さんから感謝されるようになってきます。そうすると収入もちゃんとついてくる、ということになります。

将来、ライフワークをどのレベルまでやっていくのか。大好きなことをやっていくなかで、決める必要があると思います。

14

ワクワク生きる
仲間を見つける

楽しい仲間が、あなたの大好きを加速させる

同じことを学ぶとしても、ひとりよりも、志を同じくする何人かで学んだほうが楽しいし、何倍も勉強にもなります。それは音楽、料理、ビジネス、スポーツの世界でも同じでしょう。

「こんなCD聴いたけど、君はどう思う？」

「こういうビジネスモデルを知ってる？」

「ヨーロッパでは、こういう料理が流行っているらしいよ」

といった会話ができると、世界が広がります。

お互いの作品や進み具合の感想を言い合ったり、情報交換をしながら、切磋琢《せっさたく》磨《ま》していきます。仲間が天才的なアイデアを教えてくれることもあるでしょう。

私の友人のひとりは、ある高名な経営者が主宰するアカデミーに参加していま

す。若い経営者を中心に200人くらいいるそうですが、毎月何十人かの入れ替えもあります。だからレベルも高いし、常に緊張感もあるそうです。

毎回、ビジネスモデルのプレゼンテーションもあるそうですが、私の友人は、「大変だけど、すごく楽しい」と言っています。周りに質の高い仲間がいれば、学ぼうという意識も強くなるのでしょう。

いったん、大好きなことが見つかったら、それを楽しみながら一緒にやれる仲間を見つけることです。仲間さえいれば、途中で苦しくなることがあっても、励まし合うことができます。

また、仲間のそれぞれが一流のメンターについて、お互いに切磋琢磨し合うことができれば、さらに学びは加速します。

ひとりでやっていると、どうしてもひとりよがりになったり、基準が緩くなってしまうのではないでしょうか。

あなたが真剣に探しはじめると、同じようなことを夢みる仲間がきっと見つかります。

仲間との間に起きるワクワクは、次元上昇の鍵

三流の寿司店に、ひとりで弟子入りしたと仮定しましょう。

ひとりだけで頑張れますか？　サボろうと思わなくても、「出前、行ってきます」などと言いながら、つい寄り道をしてしまったりするのではないでしょうか。

では、すごく尊敬できる先輩がいる名店に入り、一流の職人になると決めている10人の仲間がいたらどうでしょう？

みんな朝早くから夜遅くまで、素材の選び方、調理方法、実際の調理、接客など、真剣に学んでいたら、自分も負けたくないと思うのではないでしょうか。

実際に、自分よりも上手に、魚をさばいたりするのを見たら、「よし、自分だって！」と思うでしょうし、仲間も同じことを感じるはずです。

そんななかで修業したら、あなたが一人前の料理人になるのも、三流のお店で修業するより、だいぶ早くなるでしょう。

自分がちょっと疲れたときでも、仲間の「和食の職人になったら、世界に飛び立てるんだぜ」「俺、英会話始めたんだ。将来は、ニューヨークにお店を出すんだ！」とかいう話を聞いたら、大いに刺激を受けるでしょう。

また、先輩の格好いい包丁さばきを見せてもらったりしたら、「やっぱり職人ってすごいよな」などと、仲間でワイワイ盛り上がったりできます。そんなワクワクは、自然と、その人を一流の道へと誘《いざな》っていくのです。それは、ビジネスでも、政治でも、教育でも、同じようなことが起きます。

仲間と一緒に夢を語り合うときのワクワク感。一人ひとりから出ている幸せなエネルギーが響き合う関係。それが仲間全員を次元上昇させていく力になるのだと思うのです。

一生つきあえる親友を増やす

いくら大好きなことを見つけても、ずっとハイテンションでいくことは難しいでしょう。天候に晴れもあれば大雨などがあるのと一緒で、人の気分にも明るいときもあれば落ち込みがちなときもあるでしょう。

気分が沈みがちなときにどうするか。それを考えておくのも大事なことです。

そんなとき、なんでも語り合える仲間がいると、助けてもらえます。

「そんなこと、俺なんて、しょっちゅうあるよ」

仲間のそんなひと言で救われることもあるでしょう。

また、「あいつにできたなら、俺だって……」と、勇気やエネルギーをもらうこともあるでしょう。手塚治虫ら漫画家志望の若者たちが集《つど》ったトキワ荘の住人が次から次へと才能ある一流の漫画家になっていったのは、まさにこのパターンでした。

20代、30代の頃に知り合い、一緒に頑張ってきた仲間というのは、一生つきあっていける存在だと思います。

私の周りにもそんな人たちがいます。いまは名だたる作家になっている人のなかにも、デビュー前後に知り合って、お互いに「こういうことをやりたいんだよね」などと言い合いながら十数年やってきた人が何人もいます。

お互いその分野で活躍してきた人は、かけがえのない戦友です。彼らがいるというだけで、人生は面白いと思うし、一生同じ分野でやっていくと決めた人たちとつくるネットワークは、すごいパワーを持っていると思います。

あなたも、これが好きなことかもしれないというものが見えてきたら、ぜひ仲間を探してください。彼らは、一生の財産となるでしょう。

15

心が落ち着くこと を探す

静かなワクワクを知る

大好きなことにはワクワクがつきものですが、このワクワクには2つの種類があることをご存じですか？

ひとつは、ワッーと熱い感じのワクワクです。「これは絶対やるぞ！」「これをやらないと死ねない」「気合いだ!!」といった種類のワクワクです。

もうひとつは、深いところから泉のように湧いてくる、インスピレーションベースのワクワクです。

前者は動的、後者は静的なワクワクです。

普通、ワクワクというと、前者の「熱いワクワク」を意味する場合が多いかもしれませんが、後者の「静かなワクワク」こそ大切にしたいところです。

「本を書いてみたい」とか、「セミナーをやりたい」とか、「料理を作りたい」とか、「学校をつくりたい」「アートを作りたい」と考えただけで、静かにジワーッと出てくる情熱です。これらは「静かなワクワク」に分類できるでしょう。このエネルギーがあれば、1日10時間仕事をしていても、大丈夫なのです。

私の周りにも何人かいますが、3〜4時間しか寝なくても大丈夫な人たちは、このエネルギーを使っているのです。

独楽《こま》というのは、高速で回っているときほど、制止しているように見えるものです。でもよく見るとクルクルとすごい勢いで回っています。

「静かなワクワク」は、まさに高速で回転する独楽そのものといってもいいでしょう。

隣にいる人さえ気づかないほど静かに回る独楽。誰に自己主張するわけでもなく一心に回っています。それでいてまったくブレることなく、淡々といつまでも回り続ける。「静謐《せいひつ》」という言葉がピッタリです。

大好きなことを極めていくと、そんな形になります。

大好きなことと心の平安

「大好きなことをやって生きる！」というと、ワクワクしてハイテンションなイメージがあるかもしれませんが、じつは逆で、大好きなことを見つけると、本当に心が落ち着く人が多いようです。

浮ついたところが取れて、心が定まっている、というのが適切かもしれません。たとえば、結婚相手に対しても、この人かな、あの人かなと迷っているときは、フワフワと心が浮つきますが、「この人しかいない！」と決めると、落ち着くものです。結婚するまではフワフワしていたのに、結婚を決めたら急にすごくどっしり落ち着く人がいるのは、そのためです。

本当に大好きなことがわかったら、迷いがなくなります。その分野で生きると決めている人は、心の平安を手に入れるのです。

いくら大好きなことを始めるといっても、ずっといいパフォーマンスができるわけではないし、落ち込んだりすることもあると思います。

でも、大好きな道で生きると決めた人には、そう決めている人だけが持つ骨太さがあると思います。それが心の平安をもたらすのだと思います。

たとえば、医者や学校の先生のなかには、自分の職業に対して本当にしっくりきている人がいます。医者には、爽《さわ》やかに話をする人が多いようですが、それは、医者という職業に対して得心《とくしん》しているからではないでしょうか。

一流ホテルや名旅館の接客スタッフからも同じものを感じます。サービスするということに、心から喜びと誇りを持っているのでしょう。

命がけで子どもを守るような幼稚園の先生もそうだろうし、学校の先生、警察官や消防士などの仕事についている人の多くは、職務に誠実です。こういう人たちは、自分の仕事を心から愛しているのです。

深いところから湧き上がる喜び

これから大好きなことを探していこうという人には、やや深すぎる話かもしれませんが、「大好き」を突き詰めていった先にある、ひとつの完成形のことも知っておいてほしいと思います。

「大好き」を突き詰めていくと、どんな人も真似ができないようないい味を醸《かも》し出すようになります。「名人」などと称される一部の落語家や職人は、これを持っていると思います。

なぜ、一部の落語家や職人が、こうした〝味〟を持っているのでしょうか？

それはやはり、深いところから湧き上がる喜びを原動力として仕事をしているからではないでしょうか。

職人というのは、好きなことを極めているから、一種悟りの境地のようなところにいける、というのが私の考えです。

毎朝4時に起きて魚を仕入れにいくなんて、面倒くさいと思う人も多いでしょう。でも、それを喜んでやれるということは、深いところからエネルギーが湧き出しているからでしょう。また、そんな大変な仕事を80歳を過ぎても毎日やりたいというのは、もうお金とか、名誉とかではありません。ただ、それが好きだから、お客さんに喜んでもらうのが生きがいだからやっているのでしょう。

こういう人は、心配もしないし、イライラもしないし、雨の日も、風の日も、ただただただそれを続けるのです。

私は、これが円熟した大好きなことの完成形ではないかと思っています。

超一流の人たちは、きわめて職人的です。たとえば、作家なら、執筆のスタイルも型が決まっている人が多くいます。

たとえば、午前9時から午後5時ぴったりまでやって、それ以外は絶対に書かないという人がいます。夜だけ書く人、朝だけ書く人など、さまざまなタイプがありますが、彼らの共通点は、自分の決めたスタイルを崩さないことです。

ある有名な作家が、作家には盆も正月もない、ずっと書き続ける因果な商売だと語っていましたが、その表情はけっして苦しそうではなく、どこか楽しそうでもありました。

スポーツ選手、ミュージシャンでも、練習のルーティーンが決まっていて、毎日、数時間ずっと同じメニューをこなす人が多いようです。

大好きなことを突き詰めていくと、その人にしか見えない世界に到達するのでしょうが、普通の人とはまったく違う感覚になるようです。

そこまでいけば、お金の心配もなくなり、生活のこと、将来のことは気にならなくなります。いちばんの関心事は、最高の仕事ができたかどうかだけになります。

そういう生き方は、誰にでも向いているわけではありません。もちろん、みなさんに強いるつもりはありませんが、「大好きなこと」の奥深さの一端も、知っておいてもらえたらと思います。

16

自分を止める感情と向き合う

感情が、人生を変える

ワクワクする、すごくそれをやりたい……。あるいは、もうやりたくない、逃げたい……。ポジティブもネガティブも含めて、大好きなことをめぐるいろいろな感情があります。

人生における大失敗というのは、たいていの場合、ネガティブな感情をコントロールしきれなかったことに原因があります。

たとえば、あいつのことを許せないという憎しみや嫉妬《しっと》で暴言を吐いたり、メールをしてしまったりすることは、誰にだってあるでしょう。

あるいは、面倒くさい、自信がない、不安などの感情があるために、やりたいことができない人もいます。

いずれにしても、自分のなかにあるネガティブな感情を処理しきれないと、人生が止まったり、感情のエネルギーが暴発したりします。

すべての人が頭で考えたことを、合理的に実行できたなら、たぶんダイエットは1回で成功しているでしょう。禁煙も1回で成功しているはずです。そして世の中からは、ダイエット本も禁煙本もなくなっていることでしょう。

結局、人は感情と格闘し、感情に負けながら、妥協点を見つけ、イヤな感情を抱きつつ、なんとか生活をしているのです。

このように人間は感情に振り回されてしまうものですが、同時に、感情に振り回されたくないとも考えています。

朝から特別に楽しいことがあるわけでもない。日中も、「こんなことをやらせてもらって神様に感謝！」みたいなこともない。ちょっと疲れたなとか、眠いなとか、今日は早く寝ようとか、今日は何を食べようかなとか、いろんなことを考えながら、あまり感情は感じていません。

感情のバロメーターというものがあるとしたら、あまり振れがないまま暮らしている人が多いのではないでしょうか。

感情を抑圧しないで生きる

ほとんどの人は、朝起きて、「ちょっとイヤだな」ぐらいからスタートして、会社に行ったら仕事モードになって、「疲れたな」。ちょっと楽しいことがあっても、またすぐに平常モードに戻っていくようです。

ある意味では、自分をロボット状態にする人が多いのではないでしょうか。

ロボットのように生きると、一日の間の感情のブレは、ほとんどありません。

上司に文句を言われたり、お客さんからクレームの電話が入ったりすると、ちょっと落ち込むけど、すぐに平常モードに戻れるのです。

そうやって、自分の感情を押し殺す生活が続くと、心から楽しいという感情も、感じられなくなってしまいます。こんなに楽しいことってあるのかな⁉　という感じで、毎日を生きられなくなってしまいます。

それが進むと、ウツになったり、病気になったりします。たとえば、味覚障害の原因のひとつとされるストレスで味が感じられなくなったりするのも、感覚のマヒのひとつの形態といえるでしょう。

学生時代、あるいは子どもの頃と比べて、あなたの心の柔らかさ、毎日の楽しさは、どう変わりましたか？

ひょっとしたら、最近、激しく落ち込むことがない代わりに、感動することも減っていませんか？

もし、自分の感情を取り戻さなければ、人生のもっとも大切な「幸せを感じる心」も失われたままになってしまいます。ポジティブ、ネガティブ、どちらの感情ももっと感じなければ、人生で必要なエネルギーが取り戻せません。

自分が普段、どういうときにイライラするのか、いつワクワクするのか、いつ楽しいのか、いつ喜びを感じるのか、いつ落ち込むのか。こういった感情の流れを観察することが、ロボット状態から脱する足がかりになるでしょう。

無価値感と向き合う

どんな人にも、無価値感というのはあります。

「自分には価値がない」

「いないほうが、いいんじゃないかな」

「自分にはできない、無理だ」

そういった感情が、嵐のように心のなかを吹き荒れることがあります。

大好きなことを見つけたとしても、一歩も動けなくなるのは、この無価値感があるからです。この感情のために、自分には向いていない仕事を辞めることができません。また、健康的でないパートナーシップを終わらせることができない理由でもあります。

大切なのは、「無価値感を抱いていること」と、「自分が無価値であること」を混同しないことです。

「自分が無価値な感じがする」というのは、感情です。でも、その感情を抱いたからといって、「あなたが無価値である」わけではありません。

たとえば、私も英語で本を書いたり、海外で外国の人を相手に英語で講演するとき、「ああ、自分じゃ無理だ」「およびじゃないなぁ」「こんな自分がやっても価値がない」と感じることがよくあります。でも、それは、無価値感を抱いているだけであって、自分が無価値なのとは違います。

あなたが自分の大好きなことのほうへ歩いていくとき、必ずこの無価値感は、地雷のようにあちこちに埋まっています。そして、その地雷はちょっとしたことをきっかけにして、どかんと爆発するでしょう。その爆風にさらされると、思考はすべて飛んでしまって、イヤな感じの嵐のなかに入ってしまうのです。

そのときに、思い出してもらいたいのは、その感情は、一時的なもので、しばらくすると消えるということです。その感情が、あなたの価値を決めるものではないということを思い出してください。

自分にとって幸せとは何か

多くの人にとって幸せの定義は、自分で決めたものではなかったりします。30歳までに結婚したから幸せだ、あるいは、大企業に勤められているから幸せだ、お金があるから幸せだと思わされているだけで、自分が本当に幸せかどうかはあまり考えていないし、感じてもいないのではないでしょうか。

ですから、最初に「自分にとって幸せとは何なのか」を定義しないといけません。自分の人生に対しての再定義をおすすめしたいと思います。

自分がどう生きたいのか、何をすれば幸せを感じるのか、これからどうするべきかも含めて考えるといいでしょう。

「大好きなこと」という観点でいうなら、大好きなことをやっている人とやっていない人とでは、大好きなことをやっている人のほうが幸せになれる可能性が高いのです。

といっても、大好きなことをやりすぎてリスクが多くて不安定だと、それも幸せから遠くなります。絶えず変化をし続けるというのは、しんどいことでもあるのです。だからといって、大好きなことを一切しない、安定というか退屈な人生もイヤなのでしょう。

だから、2つの間のどこを選ぶのかということだと思います。

大好きなことを趣味程度にやって幸せな人もいます。かと思えば、とことんリスクを冒して、飛び回っている人もいます。どちらがいいか、という問題ではなく、その人のパーソナリティや人生観で決めればいいと思います。

働き方にも同じことがいえます。自営業なら理論上は100％近く大好きなことができる一方で、安定性はありません。

企業に勤めるとなると、自分の好きなことだけやれない代わりに、経済的な安定が保障されるのです。

こちらも自分なりの価値観に従って決めればいいことです。

自分にとっていちばんの幸せのポイントはどこにあるかで選びましょう。

一般的には女性はより安定するほうを望みます。男性はよりリスクのあるほうを望みます。これが男女間の不幸の始まりともいえます。

たとえば、男性は「俺は男として起業しないと後悔する」と言い、女性は「私たちの生活はどうなるのよ」と言いがちです。

これは永遠の平行線といってもいいかもしれません。

パートナーがいない人は、自分のなかに、この2人のような声が聞こえるかもしれません。

いま好きなことだけをやって生きている人も、みんなここを通っています。

自分の生活の安定と、好きなことをどうやって両立させるのか。この課題にどう向き合って、どういう結論を出し、どう行動するかで、10年後のあなたの人生の楽しさは、まったく違ったものになるでしょう。

すべての感情を原動力に変える

すでにお話ししてきたように、感情にはポジティブなものもネガティブなものもあります。この2つの感情がエネルギーとしてあなたのなかに流れています。

なかには先祖代々流れている感情もあります。たとえば、お金に対する心の傷み、ビジネスに対するトラウマ、あるいは社会に対する絶望といったものが、祖父母の代から、受け継がれていたりします。それが、あなたの体を通じて記憶に残っている場合もあります。問題は、それをエネルギーに変えられるかどうかです。

たとえば自分がお金で苦労をしたら、お金がなかった悔しさを原動力にして、「じゃあ、どうやったらお金に恵まれるのか」を考えればいいのです。

あるいは、「私はお金が原因で人に傷つけられた。だから私はお金持ちになって、人を傷つけずに生きる」という生き方をする。それによって当時の心の傷みが癒されるのです。

ですから、過去から溜まっているエネルギーをどういうふうに使うのか。これがとても大事になります。

自分の幸せのために使うのか、周りも自分もボロボロにしながら生きていくのか。どちらを選ぶかでまったく違ってきます。

私は、自分のなかに溜まったネガティブなエネルギーを、どうやってエネルギーロンダリングをして消化させていくのかを考えるのが大好きです。「大好きなこと」というフィルターを通せば、エネルギーが愛に変わるのです。

最初は〝こんちくしょうエネルギー〟でもいいのです。「俺を馬鹿にしやがって……」とか「金がなかった」「つらかった」といったエネルギーが、「大好きなこと」というフィルターを通すと、本当にこれを誰かに届けたいというエネルギーに変わるのです。

「人を幸せにしたい」という愛でいっぱいになると、あなたの世界も変わっていきます。

17

自由に
自分の人生を
つくる

大好きなことを見つけたあと、どうするか

これまで、ずっと大好きなことの見つけ方についてお話ししてきました。最終章では、大好きなことを見つけたあと、何をすればいいかを見ていきましょう。

本書では、あらゆる角度からあなたの才能を探るということをしてきました。何十項目もある質問について考えているうちに、きっとあなたも、「自分の好きなことってこれかな？」というのが見えてきたのではないでしょうか。

でも、いまからそれに対して何もしなければ、ほぼ間違いなく、あなたの未来は、いまつきあっている人たちと同じようになります。

周りの人たちが、大学を卒業したらすぐに就職するようなタイプばかりだと、あなたも同じような形で仕事をするようになるでしょう。

すると、あなたの毎日は、仕事に追いかけられて、忙しくなることでしょう。

途中で数年休むとか、海外に住むとか、自分の得意なプロジェクトを探すようなことは、日常的に考えなくなるかもしれません。

自分の才能をどう使うとか、大好きなことを中心にした人生設計をすることも、ほぼないでしょう。

いまの社会では、憲法で、職業選択の自由が保障されているのに、人生ゲームのように、いったん20代の初めに職業が決まったら、そこから大きく人生のノリを次々に変えていく人は、あまりいないのが実情です。

仕事を変えるときも、転職という形で、ある会社から別の会社に移るぐらいの変化しか起こせません。

自分で仕事を始めたり、海外に住んだり、自由なライフスタイルを目指したりということは、考えることすらしないでしょう。

人生の面白いところは、知らないものにはなれない、ということです。もし、「自分の大好きなことだけをやって生きている人たち」が周りにいなければ、そういうライフスタイルが可能だなんて、想像できないでしょう。

世界には、自宅をいくつも持っていたり、ビジネスをいろんな国で手がけている人たちがたくさんいます。彼らは、自分の自由を優先して、本当にやりたいことに、時間、エネルギー、お金を使っています。

残念ながら、法律的にも、社会のシステム的にも、それが許されている人は、世界の人口の半分もいないでしょう。日本は、とてもラッキーなことに、それがほぼすべての国民に許されている数少ない国です。

しかし、自分の人生を自由に生きられると感じている人は、あまりいないのではないでしょうか。

あなたは、これからの人生で、何をやってもいいし、どこに住んでもいいのです。ひとつの会社に属することをやめたら、都市部に住む必要もなくなるし、1カ所に留まる意味もありません。

「大好きなことをやる」ことを考えていくと、どれだけ自由に生きたいのかということに行き着きます。

あなたのやりたいことが、宇宙開発、大きなビルやダムの建設、飛行機の設計など、大企業でなければできないことなら、そこに勤めなければならないでしょう。しかし、そうでなければ、組織を離れて、自由に自分の人生をつくってもいいのです。

あなたが、自由に考える教育を受けていなければ、それはとても怖いことだったり、イケナイことのように感じるかもしれません。

でも、長い人生をどれくらい自由に生きるのかは、一度は真剣に考えるべき課題ではないでしょうか。

学校でも、家庭でも、会社でも教わらないのは、自由に生きるという考え方です。周りに、そういう生き方をしている人がいない場合は、あなたが考えなければ、誰もあなたのために考えてはくれません。

大好きなことを
どのスタイルでやるのか

大好きなことをやるにも、いろんなスタイルがあります。

料理が大好きで、それを仕事にしたいとしましょう。

たとえば、自分が料理人になるという道があります。それも、バイトのようなレベルから、前菜からメインディッシュまでひととおりつくれるレベル。また、名店のスタッフになる、名店の料理長を目指すという道もあるでしょう。

自分で独立して、小さな店をやってオーナーシェフになることもできるし、完全に経営の側に回るという道もあります。

実際に料理することを卒業して、レストランの批評をして生きる道もあれば、料理学校で教えることもできます。写真が好きなら、料理の写真を撮るという道もあるかもしれません。

同じ料理が好きだという人でも、こんなに人生の幅があるのです。

そういう視点から考えると、あなたは、自分の選ぶ道で、どこでどんなことをしたいのでしょうか？

もちろん、まだこの時点で、自分が何をしたいのか、はっきりしていないかもしれません。わかっていただきたいのは、自分の大好きなことをやっていくのに、こうやって考えればいいということなのです。

ひとつの職業に限定することなく、好きなことを追いかけていくと、いろんな道があり、どこかに行き着くことになるということを知っていただきたいのです。

どの分野で成功している人も、「想像していたのと違った」ということをよく言います。それは、最初は料理人を目指したのに、最終的には何十店舗も経営することになったりするからです。でも、結果オーライといった形で、みんなそれぞれに充実した人生を送っています。

趣味に生きる道もある

大好きなことをやるといっても、いろんな生き方があります。

自分のレストランを経営し始めたら、純粋に料理を楽しめる時間は減ってしまうかもしれません。

それなら、いっそのこと、公務員になって、午後5時までは仕事をして、そこからは趣味に生きるというのもありでしょう。

私の周りでも、実際に地方公務員として仕事をしながら、趣味を楽しんでいる人がいます。中途半端に生きるより、ぜんぜん幸せそうです。

それは、ある種の割り切りがあるからです。自分の才能を見切って、それならプロにならなくても、趣味を楽しむというのは、達人の生き方だと思います。

それは、彼らが、自営業を選ぶと、自分の時間がほとんど取れなくなるということも知っているからです。

昼間の時間は取られても、公務員なら、夜と週末は、ほぼ完全に自分のために使えます。家族や趣味のために100%使えるのです。

自分でビジネスをやったり、大企業の社員として時間に追いかけられたりするより、よほど人生を楽しめるかもしれません。

もちろん、事業で成功したら、自由な時間とお金の両方を手に入れることができますが、そういう人はごく一部です。

ギャンブルで大穴を狙うよりも、確実に生きたい人には、公務員の生活はおすすめでもあります。

あなたは、どの道を選びたいですか？

あなたが自分の人生を考えるとき、「どれだけの自由を得たいのか」を基準にしてください。それに対して、どれだけのリスクを取るのかが、あなたの人生をつくります。

大好きなことで成功するには、具体的な戦略がいる

いろんな情報が入ってきて、ちょっと混乱したかもしれません。大好きなことはやりたいものの、リスクを取って会社を辞めてまで悲惨な目に遭いたくないなと感じたかもしれません。

でも、同時に、もし好きなことをやって生きることが可能なら、大好きなことにとことんはまってみたい、自分の才能で勝負したいという気持ちがムクムクと頭をもたげてきた人もいるでしょう。

もし、あなたが大好きなことをやって、成功するつもりなら、戦略が必要になってきます。自分の才覚で人生を生きるためには、ある程度の修業も必要だし、ステップも見ておきましょう。

まず、自分が活躍する分野、業界を決めるのが最初のステップです。あなたが

一生をかけてやってみたい分野は何でしょうか？

それが、法律、ビジネス、アート、ヒーリング、料理、政治などの分野だとしたら、だいたいの方向性は決まったでしょうか？

自分の方向性が見えてきたら、最初にその分野、業界のことを調べましょう。そして、その周辺にどういう仕事の可能性があるのかを探偵のように調べていくのです。

人と話すのが大好きだといっても、それだけでは仕事になりません。営業を自分の専門にするのか、人前で講演、セミナーをやって生きていきたいのか、カウンセリングをして人の悩みを聞いてあげたいのか、いろんな可能性があります。

もちろん、あとで変えてもかまわないので、とりあえずどこからスタートするかを決めてしまいましょう。

もし、それが営業ということなら、どの分野の営業なのかを考えるのです。

大きな会社の法人営業で、スーツを着て会社訪問して、プレゼンテーションで何十億円もの商談を勝ち取るという営業スタイルもあります。あるいは、保険の営業のように、個人のお客さんの家に行ったり、カフェで話して、契約をしてもらうという仕事もあります。

同じ営業ですが、それぞれまったく違う仕事のようです。もちろん、服装、話し方、商談の進め方のすべてが違ってきます。

たとえば、その2つなら、あなたは、どちらで活躍したいのでしょうか？

また、別の業界の話をしてみましょう。

文章を書くことが好きだという人がいたとします。そして、毎日、SNSやブログを更新して、たくさんの読者がいる状態になっています。面白い文章を書くスキルと、読者に喜んでもらえる才能があるということです。

さて、その才能を活かすには、どのような仕事があるでしょうか。

まず、新聞や雑誌の記者、社内広報誌の担当者、フリーランスのライター、ミニコミ誌の編集者、作家などの職業が考えられます。いまなら、有料メルマガの発行者という活躍の仕方もあるかもしれません。

同じ文章を書くという才能を使って、いろんな職業がありえるのです。

もちろん、書く内容は、ぜんぜん違ってくるでしょう。新聞記者なら、経済、政治、その他ニュースの原稿を書くことになるでしょうし、ミニコミ誌なら、自分の大好きなマンガの批評を書いているかもしれません。

大企業の社内広報誌、新聞、雑誌の記者の場合、自分の好きなことばかり書けるわけではありませんが、経済的な安定が約束されます。

フリーランスのライターだと、時間の自由はあるものの、仕事を途切れないようにしなければというストレスにさらされます。自分の好きな内容を書くことはできるかもしれませんが、たいていは、下請けのような仕事になります。

作家の場合は、自分の好きな内容を書くことはできますが、売れなければ、すぐフリーランスのライターと同じような状態になってしまいます。

それぞれの内容を聞いて、自分がいちばんワクワクするのはどれでしょう？

そうやって、自分の進みたい方向の可能性を探っていってください。

才能の組み合わせで勝負する

野球選手や歌手のように、ひとつの才能だけで勝負するというのは、誰にでもわかりやすい才能の活かし方でしょう。

でも、単一の才能を活かして生活できる人は、ごくわずかです。たいていの場合、いくつもの才能をかけ算して、仕事に活かしているのではないでしょうか。

たとえば、さきほどの保険の営業の人の場合、セールスの力がなくても、「友だちをつくる才能」と「アウトドアで盛り上がる才能」があれば、成功できるのです。

実際に、ある保険のトップ営業マンは、毎週のようにバーベキュー大会をやったり、登山に行ったり、スキーツアーを開催したりしています。そこに何十人もの人がやってきて、楽しいサークルのような感じになっています。

彼がすばらしいのは、その場ではいっさい保険のことは話しません。それでいて、みんな結局は、彼のところで保険に入っているのです。それは、その人と一緒にいると楽しいし、いろいろ親身になって相談にのってくれるから、どうせ保険に入るなら、こういう人のところで入りたいと自然に思うようになっていくのです。

そうやって、「友だちをつくる」「アウトドアで盛り上がる」という、一見それだけではお金になりそうではない才能がかけ算で、仕事につながっているのです。

ですから、どんなささいな才能も、見逃さず、磨いていくという態度が必要になってきます。なぜなら、それらがかけ算されることで、魅力的なあなたができあがっていくからです。

新しい働き方の準備をしておく

これからの社会では、いままでなかったような職業が生まれてきます。アメリカのある研究所では、いまの小学生の65％は、大学を卒業する頃、いまは存在しない職業に就くことになるという予測をしています。

たとえば、ユーチューバーという、自分の動画を見てもらうことを仕事にしている人たちは、ほんの5年前には存在しませんでした。しかし、トップクラスの人は、すでに何億円もの収入を得るようになっています。

また、これからは、いくつかの職業をまたぐような生き方をする人がたくさん出てくるでしょう。ひとつの会社の従業員として仕事をするのではなく、自分の才能を使って、複数の会社や個人と契約するという生き方です。

会社のほうも、終身雇用というリスクを負わなくていいし、個人も、時間の制約から解放されます。もちろん、いますぐにそうはならないでしょうが、一部の有能な人たちと、有能でない人たちが、フリーランス契約に移っていく傾向は、すでに始まっています。

有能な人は、新しい契約によっていままでの収入の何倍かをもらい、有能ではない人の収入は、ぐっと下がるでしょう。

これからの時代は、個人の創造性、人脈、ビジョン、精神力、人柄が評価されるようになっていきます。

そのときに、どの大学を出たかよりも、何ができるのか、どういうネットワークを持っているのか、どれだけ人に好かれるかが評価基準になるはずです。

そのときに問われるのは、大好きなことをどれだけ追いかけてきたかになるでしょう。

ライフワークはあなたの人生の表現です。

人生を退屈なものにするか、ワクワクできるものにするかはあなた次第です。

あなたの旅は、ここから始まります！

おわりに

「幸せの瞬間をつなぐ」という生き方

この本を最後まで読んでくださってありがとうございます。本を買っても、最後まで読む方は少ないと聞いたことがありますが、お時間を取っていただいたことに感謝します。

これまでに、多くの読者の方から、「大好きなことを見つける方法を教えてほしい」と言われ、その答えとして本書を書きました。この本のどこかにあなたの大好きなことのヒントが見つかったとしたら、それは著者として大変うれしいことです。

私自身、20代の頃は、大好きなことがなかなかしっくりこず、悩んだことがあります。当時、父親が税理士だった影響で、会計、コンサルティングの仕事をやっていましたが、どうも真剣に向き合う気になれず、「将来何をやったらいいのかなぁ」と毎日考えていました。

その頃、経営コンサルタントの神様といわれた船井《ふない》幸雄《ゆきお》さんとお会いする機会がありました。

そのとき、「将来何をやったらいいのか、わかりません。どうすればいいでしょうか？」と聞きました。すると、「好きなことをやりなさい。得意なことで、人に喜ばれることをやれば間違いないです」とニコニコしながら、教えてくれました。

それ以来、自分の好きなことはなんだろうと一生懸命に考えるようになりましたが、なかなかわかりませんでした。

本書には、たくさん質問をちりばめていますが、それは、自問自答を繰り返してきた私の体験から得たものです。何が好きなのか、得意なのかというのは、自分ではなかなかわからないものなのです。

でも、質問のことを意識しているうちに、あるとき、「そうだ！」とわかるときがやってきます。

私の場合、数年かかりましたが、自分は本が大好きなこと、人の講演を聴くことにワクワクすることがわかりました。

また、自分を癒す過程で、「人が自分らしさに気づく瞬間を見ること」に幸せを感じるようになりました。

それらすべてが、いまのライフワークにつながっていったわけですが、それを自覚するには、多少の時間差がありました。

スティーブ・ジョブズが、点と点をつなぐという話をしていましたが、人生にはそういう面白いところがあります。

あなたも、いまは、さっぱりやりたいことがわからないかもしれませんが、そのうちに、自分の人生の点が結ばれてきます。

これから、あなたの人生にはいろんな試練もやってくるでしょうが、楽しいこと、ワクワクすることも、やってきます。ぜひ、そのすべての瞬間を楽しんでください。

本田　健

本作品は当文庫のための書き下ろしです。

本田 健（ほんだ・けん）

神戸生まれ。経営コンサルタント、投資家を経て、29歳で育児セミリタイヤ生活に入る。4年の育児生活中に作家になるビジョンを得て、執筆活動をスタートする。「お金と幸せ」「ライフワーク」「ワクワクする生き方」をテーマにした1000人規模の講演会、セミナーを全国で開催。そのユーモアあふれるセミナーには、世界中から受講生が駆けつけている。大人気のインターネットラジオ「本田健の人生相談～Dear Ken～」は1600万ダウンロードを記録。世界的なベストセラー作家とジョイントセミナーを企画、八ヶ岳で研修センターを運営するなど、自分がワクワクすることを常に追いかけている。

2014年からは、世界を舞台に講演、英語での本の執筆をスタートさせている。

代表作に『ユダヤ人大富豪の教え』『20代にしておきたい17のこと』（大和書房刊）など。著書シリーズは全てベストセラーとなっており、累計発行部数は600万部を突破している。

本田 健 公式サイト
http://www.aiueoffice.com/

だいわ文庫

20代《だい》で始《はじ》める大好《だいす》きなことの見《み》つけ方《かた》

著者 本田《ほんだ》 健《けん》

二〇一五年一〇月一五日第一刷発行

発行者 佐藤 靖
発行所 大和《だいわ》書房
東京都文京区関口一－三三－四 〒一一二－〇〇一四
電話 〇三－三二〇三－四五一一
フォーマットデザイン 鈴木成一デザイン室
本文デザイン 福田和雄（FUKUDA DESIGN）
編集協力 寺口雅彦（文筆堂）
本文印刷 信毎書籍印刷
カバー印刷 山一印刷
製本 ナショナル製本

ISBN978-4-479-30553-8
乱丁本・落丁本はお取り替えいたします。
http://www.daiwashobo.co.jp